La marchandisation actuelle du corps humain

Pierre de Puytorac et Auriane Artusse

La marchandisation actuelle du corps humain

L'Harmattan

Du même auteur

Biologie générale in BIOMED Biologie, PUF, 1987.

De la biophilosophie à une éthique de la biologie, L'Harmattan, 1998.

Panorama de la biologie d'hier à aujourd'hui, Ellipses, 1999.

L'Homme co-auteur de l'évolution, Quae, 2014.

En collaboration

Précis de Protistologie, P. de Puytorac, J. Grain, J.P. Mignot, Editions Boubée, 1987.

Traité de Zoologie, sous la direction de P.P. Grassé, Tome II, fasc.1.Infusoires Ciliés, J. André, J.C. Bussers, J. Dragesco, S. Dryl, J.C. Estève, E. Fauré-Frémiet, J. Génermont, J. Grain, G. de Haller, R. Hovasse, G. Méténier, P. de Puytorac, M. Tuffrau, E. Vivier, Masson 1984.

Traité de Zoologie, P.P. Grassé sous la direction de P. de Puytorac, Tome II, fasc. 2, Infusoires Ciliés, A. Batisse, A. Bonhomme-Florentin, G. Deroux, A. Fleury, W. Foissner, J. Grain, J. Lom, D.H. Lynn, P. de Puytorac, M. Tuffrau, Masson, 1994.

L'Auvergne, Les milieux, la flore, la faune, P. de Puytorac, M.Tort, J. Peterlongo, R.J. Bouteville, J.C. Gigault, R. Vitte, J. Fain, Delachaux et Niestlé, 1997.

La mort en 60 questions. La mort observée, expliquée, repoussée, P. de Puytorac et A. Artusse, L'Harmattan, 2016.

5-7, rue de l'Ecole-Polytechnique, 75005 Paris

http://www.harmattan.fr
ISBN : 978-2-343-10732-5
EAN : 9782343107325

Notre monde actuel est globalisé, que ce soit au niveau des flux de matières, de biens, de capitaux, de services ou encore de personnes ; il est aussi numérisé. De ce fait, les technologies nouvelles induisent de profondes et rapides mutations dans les domaines financier, économique, scientifique, politique, mais aussi sociétal.

Les applications des biotechnologies modifient notre conception de l'humain, si bien que sont légalisés ou tolérés des comportements qui, dans un passé récent, étaient considérés comme odieux et condamnables. La marchandisation actuelle du corps humain en est un exemple. En effet, de nouvelles pratiques viennent s'ajouter aux anciennes toujours en vigueur, touchant ainsi un plus grand nombre d'individus. Ce lien peut être créé par plusieurs facteurs : l'appât de profits financiers d'une part, et le souci de soi, l'idéologie jeuniste d'autre part, sont devenus les principaux moteurs universels des actions humaines. Désormais, tout est objet marchand, mondialement commercialisable, y compris le corps humain chosifié dans ses différents états (même de déchets).

Ce marché, faisant partie d'une bio-économie, est essentiellement régulé par l'offre et la demande en raison de l'absence de règles juridiques communes. Cela ne peut qu'accentuer les inégalités sociales entre pays, et surtout à l'intérieur de chaque pays.

PREMIÈRE PARTIE

LE MARCHÉ DES PIÈCES DÉTACHÉES HUMAINES

Suite à un rapport sexuel et à la fusion d'un spermatozoïde et d'un ovule, l'œuf fécondé, contenant un noyau porteur des gènes du père et de la mère, se divise au bout de 12 à 24 heures, passe aux stades 4, puis 8 cellules, 16, 32, etc. Au 6ème jour il a été entraîné dans la cavité utérine et au 7ème jour il se fixe à l'endomètre de l'utérus dans lequel il poursuit son développement.

*Dans le Monde 1 couple sur 7 à 10 est stérile (incapacité de concevoir un enfant au bout d'un an de rapports sexuels normaux), mais après traitement 60% finiront par avoir un enfant. Dans la stérilité féminine (40% des cas d'infertilité du couple) des problèmes organiques peuvent être en cause. Divers moyens permettent d'apprécier par exemple, *l'ovulation (échographie préovulatoire, dosages plasmatiques des hormones), *la qualité de la glaire sécrétée par les glandes du col de l'utérus, *l'absence d'obstruction des voies génitales (hystériographie, cœlioscopie), etc. et d'y remédier (par induction de l'ovulation, microchirurgie, etc.). La stérilité de l'homme peut être due à *l'obstruction du tractus génital, à *des problèmes d'érection et d'éjaculation, à *des troubles hormonaux, à *des insuffisances de spermatozoïdes en quantité (normalement plus de 20 millions de spermatozoïdes par millilitre) et qualité (mobilité...). Des examens cliniques (dosages d'hormones, analyse du sperme...) permettent de cerner les causes possibles de l'infertilité. Pallier la stérilité d'un couple peut enfin relever *d'une insémination artificielle (après séparation du plasma séminal des spermatozoïdes, élimination des débris cellulaires, sélection des spermatozoïdes normaux et mobiles) ou *d'une fécondation in vitro suivie d'une* *implantation dans l'utérus pour le développement de l'embryon.*

*Les techniques de procréation médicalement assistée (PMA) ont fait de grands progrès : conservation du sperme par congélation, recueil d'ovocytes (après injection ovulante d'hormone choriogonadotropine, par ponction folliculaire sous échographie, par voie abdominale ou vaginale), et conservation par congélation ultrarapide, fécondation par *un (ICSI intracytoplasmic sperm injection ou IMSI, microinjection à fort grossissement) ou *plusieurs spermatozoïdes, culture de l'embryon dans un milieu artificiel, au stade 4-8 cellules, transfert d'embryons dans un utérus 42h après l'insémination. Ces manipulations permettent de lutter contre l'infertilité d'origine médicale, mais aussi contre celles dues à l'âge ou à l'homosexualité des couples, ce qui soulève de nombreuses questions juridiques et éthiques. D'où une exploitation commerciale dont internet favorise grandement l'expansion, surtout quand la législation est assez libérale. Selon les CECOS, depuis 1973 ce sont 50.000 enfants qui sont nés en France d'un don de gamètes. En 2012 le marché de la procréation en Inde a été estimé à 2,3 milliards de dollars.*

Le marché des gamètes

La vente de sperme

Depuis l'ouverture de la première vente de sperme aux USA en 1963, le marché n'a fait que prospérer. Des entreprises légales concurrentielles se sont installées, puis des filières illégales et des trafics parfois meurtriers se sont développés en parallèle.

Dès 2003, après une inscription sur internet d'un montant de 1200 euros, puis une recherche à 110 euros de 3 donneurs (chacun payé de 80 à 100 euros), on pouvait recevoir un échantillon de sperme avec un kit d'insémination artificielle. Les banques de sperme le conservent dans des paillettes de 0,4 à 1 ml, congelées dans des réservoirs d'azote liquide.

Les deux premières banques ont été créées en 1964 à Iowa City et à Tokyo. Fondée en 1987, l'entreprise dominante actuelle Cryops est une banque danoise, détentrice d'une licence conforme aux directives européennes. Elle *«peut livrer du sperme analysé, à des organisations ou à des patientes privées, pour une insémination à domicile»*.

Elle affiche la possession de 75.000 paillettes de sperme à partir de 250 donneurs scandinaves, sélectionnés (1% accepté dont l'éjaculation est payée 3700 euros).

En 2006 la société avançait 12.000 naissances à son actif dans 50 pays. Pour un profil d'enfant de type nord-européen le client choisit le donneur sur un catalogue d'après son phénotype (race, couleur des yeux, taille...) et son parcours professionnel. Le prix de la paillette dépend du type du donneur (anonyme ou non anonyme), du profil (basique ou détaillé), de la mobilité du sperme, du type de paillette. Le sperme purifié est plus cher que le sperme brut. La paillette coûte en moyenne 112 euros et il faut en prévoir une douzaine, car les inséminations ne réussissent pas toujours.

Selon la loi danoise, le sperme est donné, cependant il peut y avoir une compensation au don. Le premier centre aux USA, Sperm Center Com., propose le sperme de 1000 donneurs avec une base de données de 119 ethnies différentes. Man not included, fournisseur de lesbiennes, offre pour 4780 euros TTC 9 doses de sperme, accompagnées de la photographie et du dossier médical du donneur, avec des kits de grossesse. Heredity Choice ne propose que du sperme de donneurs à QI élevé.

En Espagne un homme peut fournir son sperme 1 fois par semaine pendant 3 mois pour 50 euros à chaque fois et la loi lui fixe théoriquement une limite : pas plus de 6 enfants engendrés. Pour l'insémination avec sperme du conjoint (IAC) ou d'un donneur (IAD), les cliniques, arguant de leur taux de réussite, fournissent des devis personnalisés.

En France l'insémination n'est légale que pour un couple stérile (art. 152-2 du code de santé publique). Quant aux critères, les deux conjoints vivants doivent justifier de 2 ans de vie commune et avoir manifesté leur motivation. Le coût de l'insémination est de l'ordre de 460 euros que la sécurité sociale rembourse à 100% pour 1 à 6 tentatives. Le prélèvement de gamètes sans consentement est passible de 5 ans de prison et 75.000 euros d'amende.

En 2012 des prostituées ghanéennes vendaient le sperme de leurs clients, récolté dans les préservatifs conservés, pour 15 euros par condom (avec tous les risques de contaminations et de transferts de maladies génétiques).

Créés depuis 1973, les CECOS (Centres d'études et de conservation des œufs et du sperme), actuellement au nombre de 23 et répartis sur le territoire national, conservent le sperme congelé de donneurs et le prix de la paillette (2700 demandeurs par an) est fixé par un arrêté du ministre de la Santé. II est remboursé dans les cas de stérilité à 100% du couple.

En France, selon la loi de bioéthique de 1994, le don de sperme doit être volontaire, gratuit et anonyme. De plus l'importation de gamètes étrangers est illégale, passible de 5 ans de prison et de 75.000 euros d'amende. Pourtant

Cryops annonce avoir contribué à la naissance de 200 bébés français.

Cependant, on pourrait assister à un assouplissement, voire une remise en cause de certains critères en raison de l'augmentation de la pénurie des dons. Par exemple, le gouvernement pourrait envisager une rémunération, comme c'est déjà le cas dans plusieurs pays. La gratuité du don pourrait être touchée (ne sont remboursés que les frais de prélèvement assurés par le donneur), ainsi que l'anonymat (comme dans une quinzaine de pays, dont la Suisse et le Royaume-Uni, mais aussi en raison de l'intérêt de l'enfant et du droit à l'accès à ses informations personnelles, notamment quant à ses origines) et la nécessité d'avoir procréé.

Malgré cela, le Conseil d'État a confirmé que la règle de l'anonymat des donneurs de gamètes n'est pas incompatible avec l'article 8 de la Convention européenne des droits de l'homme et elle ne sera donc pas levée (CE 12 novembre 2015, n°372121).

En effet 3000 couples infertiles sont en attente d'un don en France en 2015, et on estime qu'il faudrait 900 donneuses et 300 donneurs pour répondre aux besoins actuels. Cela a pour effet d'allonger les délais d'attente, qui sont aujourd'hui estimés entre 1 à 4 ans selon les centres.

Pour pallier cette pénurie et tenter de raccourcir les délais d'attente, la ministre des Affaires sociales, de la Santé et des Droits des femmes élargit dans un communiqué de presse du 15 octobre 2015 la possibilité de faire un don de gamètes aux adultes qui n'ont pas eu d'enfants. Désormais toute femme de 18 à 37 ans et tout homme de 18 à 45 ans en bonne santé, pourront être candidats au don d'ovocytes ou de spermatozoïdes. De plus, il est précisé qu'un donneur qui n'a pas eu d'enfant aura la possibilité de bénéficier ultérieurement d'une partie des gamètes donnés (uniquement dans le cas où il deviendrait infertile). Cependant la ministre a réitéré l'affirmation des principes de gratuité et d'anonymat.

L'article L1244-4 du code de santé publique, modifié par la loi relative à la bioéthique (n° 2004-800 du 6 août 2004), prévoit que *«le recours aux gamètes d'un même donneur ne peut délibérément conduire à la naissance de plus de dix enfants»* (limite à 5 la descendance de chaque donneur par insémination artificielle). Le coût d'une FIV (fécondation *in vitro*) est de l'ordre de 15.000 euros.

La vente d'ovules

Aux États-Unis, bien que le National Organ Transfert Act (1984) interdise la vente d'organes et d'autres éléments humains, la vente d'ovules est légale. Des sociétés spécialisées fournissent des catalogues avec des informations détaillées. Les donneuses y sont classées selon leur origine, leur physique, leurs activités, leur QI, etc.

L'accent est mis sur la qualité et la sélection est sévère ; selon l'agence The Egg Donor Program, sur 1500 candidates par mois, 2 à 3% seulement sont acceptées. Mais pour les heureuses sélectionnées, la gratification est importante puisqu'elles peuvent recevoir jusqu'à 10.000 dollars par ponction ovarienne (à noter qu'une femme peut donner 1 à 30 ovules par stimulation ovarienne).

Diverses associations mettent en contact les clients infertiles, mais solvables, avec des cliniques à l'étranger (Grèce, Espagne,...) où les fournitures d'ovules sont jusqu'à 10 fois moins chères qu'en Amérique où elles peuvent atteindre 15.000 euros. Des entreprises concurrentes publient des annonces de recherche de donneuses d'ovules, rémunérées jusqu'à 100.000 dollars (si elles sont diplômées de l'Université Harvard des demandes d'ovocytes vont jusqu'à 50.000 dollars). Certaines banques ne fournissent que des ovules de donneuses juives. Des cliniques israéliennes pratiquent pour 12.000 à 15.000 euros des FIV (fécondation *in vitro*) à partir d'ovules prélevés sur de jeunes Roumaines payées 190 à 290 euros.

Dans l'Union européenne 40 à 75% des donneuses sont en Espagne où on ne compte pas moins de 150 cliniques de fertilité. Dans une clinique de Barcelone, l'ovule est facturé 1000 euros. Depuis 2009 le nombre de candidates donneuses a augmenté de 30% et ce ne sont plus seulement des étudiantes, mais aussi des adultes au chômage qui sont sur les rangs, pour améliorer leurs fins de mois. Dans un Institut de l'infertilité de Valence, disposant d'un stock de 8000 ovules, effectuant 1500 ponctions ovulaires par an, en 20 ans 50.000 enfants ont été conçus par FIV pour 7000 à 8000 euros, dans des conditions de confort personnalisées. Au Vietnam 15 centres de fertilité font naître 10.000 bébés par an.

Le Parlement européen a rappelé en 2005 le «*risque grave pour la vie et la santé*» de la femme que peut provoquer une hyperstimulation de l'ovulation. En France il y a pénurie du don d'ovules : 144 en 2004, année où 2000 femmes sont allées en acquérir en Espagne (tourisme procréatif) pour 3000 à 8000 dollars, selon «*leur qualité*». Selon la Société de reproduction et d'embryologie, parmi les pratiquants du tourisme procréatif, 50% sont des homosexuels et 10 % des femmes de plus de 45 ans, la limite d'âge autorisée pour la procréation médicale assistée en France étant de 43 ans. L'attente dans les CECOS est de 2 à 3 ans. L'ovule est alors inséminé *in vitro* par le sperme du conjoint de l'acheteuse et 2 à 4 embryons sont implantés dans son utérus. L'autoconservation des ovocytes, permettant aux femmes de les stocker pour devenir mères plus tard, n'est autorisée en France que pour raisons médicales.

Tout étant à vendre, l'hymen étant une marchandise comme une autre, une quinzaine de femmes n'ont pas hésité à proposer sur Internet la vente aux enchères de leur virginité. Des milliers de propositions ont été faites et les prix sont montés à plus d'un million d'euros.

La vente d'embryons

Il y a en Amérique plus de 500.000 embryons congelés, suite à des fécondations *in vitro.* Dès 2013 une société californienne proposait à des couples doublement stériles, la vente d'un embryon surnuméraire, prêt à l'implantation utérine, pour 20.000 euros et en 2015 plusieurs institutions américaines font de même au prix de 7500 dollars.

Le Center for medical progress vient de dénoncer en 2015 la vente illégale de parties de fœtus avortés, pour 30 à 100 dollars par la Planned Parenthood Federation (équivalent du planning familial), ce qui est puni par le Code pénal américain de 10 ans de prison et 500.000 dollars d'amende.

L'Assemblée du Conseil de l'Europe en 1986 et 1989 a demandé l'interdiction de la vente d'embryons, de fœtus ou de leurs composants.

En France, où on dispose de 150.000 embryons surnuméraires, la loi autorise la destruction de l'embryon quand le projet parental prend fin ou son don par les deux parents, pour la recherche ou à un autre couple *«à titre exceptionnel»*.

La location d'utérus

En mai 2015 la société Men Having Baby a tenu à Bruxelles un séminaire-exposition pour aider les couples homosexuels à trouver la meilleure clinique spécialisée dans la GPA (grossesse pour autrui) aux États-Unis, Canada et Inde. L'Agence assure une bonne organisation tant clinique que juridique. Des brochures, émaillées de photographies de beaux enfants, détaillent les procédures appliquées. Le prix du contrat va de 60.000 à 150.000 euros, si l'on inclut des suppléments tels que des tests génétiques ou des clauses imposant un comportement sexuel à la porteuse et à son conjoint pendant la gestation. La mère porteuse ne doit pas être la mère génétique.

Un ovule fécondé est introduit dans l'utérus de la mère de substitution qui s'engage par contrat à donner l'enfant à la naissance. Il est nécessaire d'avoir recours à trois cabinets d'avocats qui vont assurer pour l'un d'entre eux les conditions commerciales, et pour les deux autres la partie filiation et le droit civil. En effet pour ces deux derniers sujets il faut un cabinet du pays d'origine et un second aux USA. Appliquant les techniques de marketing, des agences recrutent les clients et proposent des promotions. 2000 enfants par an naîtraient par GPA aux USA où la plupart des États l'ont légalisée.

En Grande-Bretagne et en Grèce, elle est autorisée à titre gratuit. En Belgique, Finlande, Suède, Danemark, Irlande, Pays-Bas, Pologne et Slovaquie, elle est tolérée. En Roumanie, la GPA est légale depuis 1985 (le mariage homosexuel depuis 2012) dans des conditions précises. La mère porteuse a 6 mois pour se rétracter et garder l'enfant.

En France, comme en Espagne, Portugal, Italie, Suisse, Allemagne et Luxembourg, la GPA rémunérée ou non, est interdite. Les couples hétérosexuels, homosexuels ou les célibataires en désir d'enfant se rendent dans un pays où elle est tolérée ou autorisée, le plus souvent aux USA ou au Canada (mais aussi en Autriche, Afrique du Sud, Brésil, Israël, etc.).

Les prix les plus bas sont en Ukraine (5000 euros, soit plusieurs mois de salaire pour un autochtone) et en Inde, mais la plus grande sécurité est aux USA (de 20.000 à 100.000 euros). En effet, en Ukraine et en Inde, ce sont des femmes de milieux pauvres et généralement analphabètes, mariées, qui se proposent comme mères porteuses, tandis qu'aux USA ce sont des femmes de la classe moyenne inférieure, âgées de 20 à 35 ans qui sont candidates.

En France on estime à 200 par an le nombre de naissances par GPA (sur 800.000) qui atteindraient 2000 au total.

Dans un communiqué du 3 juillet 2015, la Cour de cassation opère un récapitulatif pour clarifier ses décisions. En effet elle consacre le fait qu' *«une GPA ne justifie pas, à elle seule, le refus de transcrire à l'état civil français l'acte de naissance étranger d'un enfant ayant un parent français»*.

Alors qu'en 2013 (arrêts du 13/09/2013) la Cour de cassation avait estimé que la demande d'inscription à l'état civil d'enfants nés de GPA à l'étranger était *«la suite d'un processus frauduleux qui ne pouvait avoir aucun effet»*, elle a finalement reconnu que primait le droit à l'identité de l'enfant.

La Cour européenne des droits de l'Homme s’est également prononcée, dans les arrêts Menesson et Labasse du 26 juin 2014. Selon elle la GPA n’est pas contraire à la Convention de sauvegarde des droits de l’homme et des libertés fondamentales. En revanche, elle considère que le refus de transcrire la filiation des enfants à l’égard du père biologique constitue une atteinte à la vie privée des enfants, car chacun doit pouvoir établir les détails de son identité d’être humain.
De ce fait, les enfants nés de père français et de mère porteuse peuvent désormais être inscrits à l'état civil en France (bien qu'un couple français n'ait toujours pas le droit de se rendre à l'étranger pour une GPA !).

Le marché noir des bébés

Des trafics de vente de bébés à des couples en mal d'enfant sont régulièrement découverts, les prix des nourrissons variant selon le sexe, l'âge et le pays d'origine. Au Nigeria des usines à fabrication de bébés fonctionnent sous couvert d'orphelinats de filles enceintes dont les bébés sont vendus autour de 5000 euros (6000 en Chine). En France des réseaux de vente semblables ont été mis au jour notamment dans le sud-est de la France et en Corse (5000 à 10.000 euros pour un bébé) en 2013 et 2015. Le trafic de nouveau-nés alimente l'adoption illégale.

Du 16ème au 18ème siècle, le trafic clandestin des cadavres, au besoin procurés par profanation des tombes, a alimenté la demande de chercheurs ou d'artistes pour des dissections à des fins anatomiques.

Aujourd'hui on peut remplacer des organes dysfonctionnels par des allogreffes (greffes d'organes d'un individu étranger, mais de la même espèce) avec beaucoup d'efficacité, en raison des progrès chirurgicaux, d'une analyse préalable de la compatibilité tissulaire et de l'emploi d'immunosuppresseurs (cyclosporine, anticorps monoclonaux, etc.) ou de nouveaux procédés empêchant le rejet du greffon.

Les centaines de milliers de transplantations d'organes dans le monde concernent par ordre de grandeur le rein, le cœur, le foie, le pancréas, les poumons, le cœur-poumon.

En France en 2014, sur un total de 5357 greffes (5115 en 2013), il y a eu 3232 greffes de rein, 1280 de foie, 432 de cœur, 327 de poumons, 79 de pancréas. La survie à 5 ans est de 79% pour le rein, 72% pour le foie, 61% pour le cœur. Les progrès chirurgicaux et immunologiques sont tels qu'en 2014, 500.000 personnes sont porteuses d'un organe greffé (en France 54.659). Les organes proviennent de donneurs vivants ou cérébralement morts (en 2011, 2238 morts encéphaliques identifiées sur 500.000 décès). La proportion des donneurs vivants a un peu progressé, par exemple en 2014 en France il y en a eu 526 contre 414 en 2013.

Des réglementations très précises fixent les conditions de prélèvements des organes et l'OMS demande de protéger les pays pauvres et vulnérables contre le tourisme de transplantation qui a commencé dès 1980. Une greffe sur 10 provient pourtant d'un trafic qui, avec celui de la drogue, des armes et des êtres humains, est le plus lucratif, le profit étant estimé à 1 milliard d'euros par an. Pour exemple, au Kosovo un rein acheté 15.000 euros est couramment revendu 80.000 euros.

En France, selon le projet de loi de modernisation de la santé en 2015, le prélèvement d'organes serait fait à partir de 2018 sans consentement préalable du donneur ou de sa famille, à moins qu'un refus ait été notifié au registre national des refus. Or, 40% des Français sont hostiles au prélèvement de leurs organes. Ce projet de loi avait donc occasionné quelques frayeurs, mais le 14 décembre 2015, le Sénat a adopté une motion tendant à opposer la question préalable sur le projet de loi relatif à la santé.

De ce fait ce texte relatif au prélèvement d'organes n'est pas adopté (a contrario du reste du texte qui a été adopté par l'Assemblée nationale le 17 décembre 2015).

En 2015, 70.000 greffes de rein étaient en attente en Europe. Dès lors, 14 pays européens ont signé un traité de lutte contre le trafic d'organes (à l'exclusion de la France qui n'est pas encore signataire), avec création d'une base juridique commune de coopération.

En France une greffe de rein coûte à la Sécurité sociale de 11.600 à 32.000 euros, de foie de 22.000 à 48.000, de cœur de 20.000 à 70.000 pour l'acte chirurgical et les frais d'hospitalisation.

En France, le prélèvement d'organes contre paiement est passible de 7 ans de prison et 100.000 euros d'amende.

Le trafic des organes

En 2015, 100.000 personnes étaient en attente de greffe aux USA. En 2014 en France, sur 20.371 personnes en attente d'un greffon, 579 sont décédées faute d'en recevoir. En raison de cette pénurie de dons d'organes, pour une demande qui ne cesse de croître, mais aussi en raison du coût (inabordable pour certains patients) de la greffe et du traitement immunosuppresseur qui suit, leur commerce illégal est en plein essor.

Plus de 10.000 transplantations illicites par an touchent de nombreux pays. Faute d'une sélection appropriée des donneurs, les receveurs prennent souvent le risque d'une contamination infectieuse ou de transmission de cellules cancéreuses. Au marché noir des organes, un cœur peut monter à 90.000 euros, un foie à 157.000, un rein à 200.000.

En 2009 le FBI a démantelé un vaste réseau international de trafic d'organes : opération Big Rig qui a mobilisé 300 agents et abouti à 44 arrestations. Les organes, importés surtout de pays d'Asie dont les Philippines, ou obtenus à partir d'enfants enlevés en Afrique du Nord, étaient revendus plus de 10 fois leur prix d'achat (un rein acheté 10.000 dollars, revendu 160.000).

Alors que la loi brésilienne interdit la commercialisation des organes, même avec consentement du donneur, en 2004 une entreprise de sélection de donneurs a été découverte. Suite à des tests de compatibilité, ils étaient envoyés en Afrique du Sud où ils subissaient des ablations d'organes contre une somme de 3000 à 10.000 dollars. Selon Le Centro de Investigacion Periodista, des prélèvements faits sur des cadavres en Europe de l'Est sont exportés en Afrique où, après traitement, ils sont envoyés en Corée du Sud et aux États-Unis, d'où ils sont réexpédiés dans une trentaine de pays dont le Brésil, sous la désignation *«d'outils médicaux»*. De nombreux témoignages certifient qu'en Chine (2ème pays de greffes derrière les États-Unis, avec en 2006 plus d'un million et demi de demandeurs), des ablations forcées d'organes ont été pratiquées sur des prisonniers avec la complicité des autorités et des hôpitaux militaires. Cela aurait notamment été pratiqué sur des persécutés, adeptes du Faun Gong, dans des camps de rééducation au travail, au cours des années 2006-2008. Selon les rapports d'Amnesty International et de Human Rights Watch, la plupart des organes greffés en Chine proviennent de prisonniers torturés.

Semblablement, au Kosovo des prélèvements d'organes auraient été commis par l'UCK (armée de libération) sur des prisonniers de guerre, en 1999-2000 (rapport D. Marty) et en 2009 en Israël sur des prisonniers palestiniens. En 2013, au cours d'un procès (affaire Médicus) impliquant de hautes personnalités, 5 médecins du Kosovo ont été condamnés pour trafic d'organes de donneurs payés 15.000 euros pour leur rein. La condamnation s'élevait seulement à quelques mois de prison et 15.000 euros d'amende pour 7 des clients. Le traitement de 27 des victimes identifiées leur avait coûté 80.000 à 100.000 euros. En 2015 à Tel-Aviv, a été démantelé un réseau international de distribution d'organes achetés 15.000 euros à des personnes en détresse économique, vendus 100.000 euros à des personnes en détresse médicale. De nombreux réfugiés libyens au Liban entrent en concurrence pour survivre avec des Palestiniens pour vendre leurs organes à des rabatteurs (un rein payé 5000 euros qui sera revendu en Ukraine 18.000 euros). En Inde des cliniques clandestines fournissent des organes pris sur des jeunes, par force ou par promesse de dédommagements financiers.

Après la Chine, les Philippines et l'Inde, l'Égypte est l'un des pays où sévissent le plus les trafics d'organes (un rein acheté 2300 euros est revendu 6 fois plus cher à de riches receveurs des pays du Golfe). La guerre d'Irak a facilité un tel trafic, qu'on retrouve aussi en Iran qui l'a légalisé.

En 2012 en France le décès suspect d'une femme hospitalisée aurait été lié à une vente d'organes (affaire Eliane Kabile), mais l'affaire n'est pas élucidée par la Justice française malgré les suspicions évidentes.

En 2011 les autorités policières ont noté un afflux d'Arméniens dans des centres de dialyse belges pour un traitement du rein. En fait, des propositions leur auraient été faites d'un certificat de séjour en échange d'un rein. Selon l'ambassadeur des États-Unis en Irak, l'État islamique se livrerait au trafic d'organes, des corps retrouvés dans des charniers étant dépourvus de certains organes.

Le marché des organes ou tourisme de transplantation, bien qu'illégal (aux USA 7 ans de prison et 100.000 dollars d'amende), reste très commun dans une douzaine de pays, avec la participation de réseaux mafieux utilisant la corruption de personnel médical et administratif, aux plus hauts niveaux. Même en Europe, c'est un éminent professeur de Liverpool qui a été reconnu coupable d'avoir prélevé pendant 3 ans, à l'insu des parents, 850 organes de jeunes patients décédés.

Le trafic d'hypophyses humaines a provoqué en France, entre 1982 et 1986, la mort officielle de 111 enfants par la maladie de Creutzfeldt-Jakob. L'hypophyse, glande à la base du cerveau, sécrète une hormone de croissance : la somatostatine. S'il y a déficit d'hormone, il y a une réduction de la taille qui peut être corrigée par des injections d'hormone (traitement du nanisme). Avant qu'on sache fabriquer une hormone de synthèse, l'hormone était extraite d'hypophyses humaines prélevées sur des cadavres dans des morgues ou des hôpitaux, par le personnel de service, pour de petites sommes d'argent, sans vérification de l'état sanitaire des cadavres (encéphalites, atteintes cérébrales...). Or, les hypophyses peuvent être contaminées par un agent infectieux, le prion qui est responsable d'une atteinte neurologique mortelle, normalement transmissible par l'alimentation de viande contaminée (vache folle) : la maladie de Creutzfeldt-Jakob. L'Institut Pasteur extrayait l'hormone des hypophyses collectées sans précaution. En 1984 les États-Unis, faisant le lien entre l'hormone et la maladie, interdisent l'hormone de croissance d'origine humaine, d'autant qu'une hormone de synthèse est disponible. Le 7 mai 1984, la Direction de la Pharmacie et du Médicament proclame que «*la qualité du système mis au point en France, la nature des produits utilisés, la garantie effectuée par leur contrôle, la gravité du handicap traité, justifient de ne pas interrompre le travail réalisé par l'association France-hypophyse en liaison avec la pharmacie centrale*».

Fin 1985 des milliers d'ampoules de lots contaminés par le prion, qui auraient dû être retirées, ont donc été injectées à 1698 enfants. Entre 1986 et 1992, l'Institut Pasteur, associé à la société belge Techland, a pu faire un bénéfice de 7 millions de francs avec les ventes de l'hormone contaminée. Le 2 décembre 1991, la justice est saisie. La procédure va durer 22 ans (Arrêt n° 6676 du 7 janvier 2014 (11-87.456) ; Cour de cassation Chambre criminelle). 129 familles ont été «indemnisées», sans que le droit français permette des sanctions pour les responsables de 58% en France des cas mondiaux répertoriés. Aujourd’hui les essais cliniques d’une molécule : le vosoritide, donnent des résultats encourageants sur la modification de la courbe de croissance des enfants de taille en dessous de la moyenne.

Le commerce des tissus

En 2005 en France 36 banques dans 44 sites sont autorisées à conserver, transformer et diffuser des tissus humains. 22 ne stockent que des tissus issus de personnes décédées.

En 2014 les tissus (conservés dans l'azote liquide à -196 C°) distribués à des équipes médicales à des fins thérapeutiques ont été des cornées (4804), de la peau (24,6m2), des membranes amniotiques (2818), des veines (1154), des artères (540) et des valves cardiaques (275).

Les tissus fœtaux issus d'avortements spontanés ou d'IVG peuvent être utilisés pour des recherches sur le diabète juvénile ou la maladie de Parkinson.

Pour 7000 non-voyants par atteinte de la cornée, en France, il y a 4000 opérations par an et 50.000 pour la cataracte.

Les greffes osseuses, qui ne donnent pas de réaction antirejet contrairement aux greffes d'organes, se font pour réparer des fractures ou des destructions cancéreuses (bio-orthopédie).

Les greffons sont pris sur des cadavres ou des donneurs vivants (par exemple, à l'occasion d'une opération de prothèse de la hanche). La banque française Biobank transforme ainsi les têtes de fémur en greffons osseux stériles.

Les greffes autogènes ou allogènes de tendons se font après rupture de ligaments (par exemple, du ligament croisé antérieur, avec tendons rotulien ou ischio-jambiers.)

Pour réparer des lésions cutanées ou de graves brûlures, si on ne dispose pas d'assez de peau du sujet prise sur son corps pour faire une autogreffe, on a recours à une allogreffe à partir de la peau d'une personne décédée, mais il y aura rejet de greffe au bout de 10 à 20 jours. Ce délai est utilisé pour faire une culture de cellules de peau du sujet qui permettra une autogreffe de lambeaux de peau.

Des cellules issues de tissus de fœtus avortés sont utilisées dans la fabrication de vaccins.

On sait que dans les camps d'extermination nazis, des déchets de cadavres étaient récupérés pour la vente : les cheveux pour la fabrication de tissus, les os pulvérisés, comme engrais, la graisse pour faire du savon.

Dans les années 1990, à Lodz (Pologne), des médecins urgentistes au salaire mensuel de 305 euros auraient cédé à la tentation d'accélérer la mort de patients dont les cadavres étaient revendus 445 euros.

La société ukrainienne Tutogen Medical GmH achète des prélèvements de cadavres tels que peaux, cartilages, cornée, péricarde, valvules cardiaques, mais surtout des os qu'elle nettoie, stérilise, et prépare pour l'emploi en chirurgie réparatrice. En 2002 un fémur ou un humérus est acheté 42,9 euros, l'ensemble os-tendon rotulien 14,3 euros si moins de 40 unités fournies, 23 euros à partir de 40 à 60 unités, 24 euros si plus de 60 unités.

Les ventes se font surtout à la société américaine RTI Biologics, société cotée en Bourse, qui recycle chaque année quelque 4 millions de sous-produits dans le Monde. Le chiffre d'affaires de 2008 était de 147 milliards de dollars et le bénéfice en 2011 de 11 milliards de dollars. Elle a racheté la société américaine mère de Tutogen, Tutogen Medical Inc.

Un arrêté du 29 juillet 2015 inscrit les allogreffes osseuses viro-inactivées par le procédé Tutoplast de la société Tutogen Médical France sur la liste des produits et prestations remboursables prévus par l'article L-165-1 du code de la Sécurité sociale. Un cadavre peut rapporter à l'ensemble des différents acteurs de la filière de 65.000 à 235.000 euros, la récupération des corps se faisant dans les hôpitaux, les morgues, les familles. Un rabatteur aux USA touche 9000 euros par cadavre frais, récupéré. Aux États-Unis, 2 millions de produits dérivés de tissus humains sont vendus chaque année.

En Ukraine en 2008, un Institut de Médecine légale aurait prélevé des milliers de tissus pour les envoyer à Tutogen. Du trafic au crime il n'y a qu'un pas : en Afrique du Sud, une des plaques tournantes de reins et de cornées, des personnes sont agressées pour des prélèvements sauvages effectués dans des morgues, avec la complicité du personnel. La complexité des réseaux est telle que les systèmes de contrôle sont de peu d'efficacité. Par exemple, des déchets de cadavres ukrainiens sont vendus à une filiale allemande de RTI biologics, basée en Floride, qui les redistribue dans le Monde.

D'une enquête dans 19 pays pendant 18 mois, l'International Consortium of Investigative Journalists a constaté la généralité de l'absence de traçabilité des produits mis sur le marché et leur obtention illégale.

En 2005 The Guardian dénonce la vente par une société chinoise, de collagène provenant de prisonniers exécutés et de fœtus avortés, expédié via Hong-Kong, au Royaume-Uni, pour usage en cosmétologie. La police péruvienne arrête en 2009 des trafiquants de graisse et de tissus humains n'hésitant pas au recours au meurtre pour approvisionner des cosmétologues.

En Europe, depuis 1995, l'usage en cosmétologie de produits d'origine humaine est interdit.

La firme américaine Néocutis commercialise une crème (molécule PSP) à base de fœtus humains (produit dit «sous les yeux» vendu 85 dollars). Selon la Voix du Peuple, Senomyx, partenaire de Pepsi Cola, utiliserait des extraits de fœtus (molécule HE293) comme fixateur de goût dans des boissons. Des cliniques ukrainiennes achètent 150 euros des mères porteuses qui sont avortées, pour revendre les fœtus 7500 euros à des salons de thérapie fœtale qui font payer leur traitement près de 20.000 euros.

Gunther Hagens, l'inventeur allemand de la conservation des cadavres par plastination, a fait plusieurs expositions (Body Words) dans des grandes villes de divers pays, de cadavres nus, écorchés, siliconés dans des actions de la vie quotidienne. Interdites en France, en raison du respect et de la dignité dus aux morts, elles ont ailleurs attiré plus de 40 millions de visiteurs. Fortune faite, G. Hagens met maintenant en vente de tels produits : un cadavre entier 57.000 euros, une jambe 9700, etc. Il disposerait de 12.000 corps issus de dons. Selon la Frankfurter Allgemeine Sonntagszeitung, l'État islamique, à la recherche de sources nouvelles de financement, propose aux Kurdes la vente des corps de leurs soldats morts pour 10.000 à 20.000 dollars.

Le trafic du sang

Des transfusions sanguines sont pratiquées pour des traumatismes graves, des affections hématologiques, des hémorragies et des interventions chirurgicales. Dans le monde 198 millions de dons du sang (taux moyen des dons 36,8 pour 1000 dans les pays à revenu élevé, 3,9 dans les pays pauvres) sont collectés par an dans les 10.000 centres de 168 pays.

Dans 73 pays 90% du sang proviennent de dons non rémunérés, 50% dans 72 pays. 25 pays (Allemagne, Chine, États-Unis,...) rémunèrent les donneurs (de 30 à 50 euros). Le sang peut être transfusé tel quel ou fractionné en ses constituants (globules rouges, plaquettes, plasma, cryoprécipités, immunoglobulines, ...) qui deviennent alors des médicaments commercialisables, c'est-à-dire objets de marché et sources de compensation ou de profit.

En France chaque jour 10.000 dons permettent de soigner 1 million de malades. L'EFS (Etablissement français du sang), qui a la charge de l'autosuffisance nationale, vend les produits sanguins labiles aux établissements de santé et le plasma au laboratoire français du fractionnement et des biotechnologies (LFB). Les prix sont fixés par arrêté du ministre de la Santé et de la Sécurité sociale (par exemple une poche d'un concentré de globules rouges : 183,82 euros).

Depuis février 2015 l'EFS a perdu l'exclusivité de la commercialisation du plasma thérapeutique «SD». Dans un marché évalué à 12 milliards d'euros, la concurrence est ouverte et, comme le don gratuit revient plus cher que le don rémunéré (en raison du coût des 40.000 campagnes de collecte annuelle), la France est moins compétitive.

En Bulgarie le marché noir du sang est courant avec la complicité de sujets qui se font passer pour un parent du demandeur, acceptant de lui donner leur sang, mais, en fait, après s'être fait payer 250 euros.

Au Bénin le trafic du sang est prospère grâce à la corruption des agents hospitaliers qui vendent les poches de sang de 130 à 450 euros (notamment à des sorciers). Avec l'épidémie africaine du virus Ebola (2650 morts), survivent à cette fièvre hémorragique environ 48% des malades dont le sang est alors riche en anticorps du virus. D'où la mise en place d'un marché fructueux illicite de leur sang, pour un traitement, avant qu'un vaccin (en cours d'obtention) soit mis en pratique. En France le fait de prélever du sang à un mineur ou un majeur sans son consentement est puni de 5 ans de prison et 650.000 euros d'amende (art. L 671-2 al.1 du CSP).

Le commerce des cellules

Des cellules souches peuvent être utilisées pour restaurer durablement la fonction d'un tissu ou d'un organe, par une injection unique dans l'organisme (thérapie cellulaire). Ce peut être des cellules souches pluripotentes, pouvant donner tous les types de cellules de l'organisme (cellules souches embryonnaires, faiblement immunogènes, prélevées sur des embryons de 5 à 7 jours ou cellules pluripotentes induites par reprogrammation génétique), des cellules souches multipotentes qui ne se différencient que dans un nombre limité de types cellulaires (cellules souches mésenchymateuses présentes dans la moelle osseuse, le tissu adipeux, et des organes ; cellules hématopoïétiques du cordon ombilical). Les cellules souches peuvent être prélevées sur le patient (cellules autologues tolérées sur le plan immunitaire) ou chez un donneur (cellules allogènes posant des problèmes de tolérance immunitaire, donc utilisation suivie d'immunosuppresseurs).

Plus de 350 essais cliniques sont en cours dans le Monde (dont un tiers avec des cellules autologues) utilisant des cellules mésenchymateuses pour le traitement de l'arthrose, des lésions vasculaires et cardiaques, de la sclérose en plaques, etc. L'utilisation de cellules souches cutanées pour des greffes de grands brûlés est pratiquée depuis 1970, celle de cellules souches hématopoïétiques pour le traitement d'hémopathies malignes, mais aussi d'hémoglobinopathies et de déficits immunitaires, depuis 1980.

Les indications de la thérapie cellulaire vont connaître un grand développement. Des essais cliniques sont en cours pour guérir à partir de cellules souches embryonnaires la dystrophie maculaire, des ulcères cutanés, des atteintes cardiaques, le diabète de type 1 insulino-dépendant, et à partir de cellules mésenchymateuses des myopathies, la polyarthrite rhumatoïde, l'arthrose, des lésions du myocarde, la sclérose en plaques.

Depuis 2013, après le Royaume-Uni et l'Espagne, la France autorise la recherche encadrée par l'Agence de Biomédecine sur des embryons surnuméraires (après consentement du couple qui a renoncé à son projet parental) et sur les cellules souches embryonnaires. Interdit en Europe le brevetage des cellules souches est autorisé aux USA et en Asie du Sud-Est.

Dès 1985 des trafics d'embryons fonctionnaient en Autriche et en 1986 un réseau international de vente d'embryons a été révélé entre la Corée, les États-Unis, la Grande-Bretagne et la France. L'association internationale pour la lutte contre l'exploitation des fœtus humains dénonce le trafic de fœtus avortés sous la dénomination *«d'enlèvement de tissus morts»*.

En 2015 le Center for Medical Progress a révélé la revente par un centre de planning familial américain de «pièces» de fœtus humains et même le recours à l'avortement pour répondre à la demande, au risque de 10 ans de prison et 500.000 dollars d'amende.

Les déchets d'accouchements (placenta, cordon), utilisés en cosmétologie ou en recherche, sont considérés juridiquement comme des choses abandonnées *(res derelictae)*. Des négociations s'établissent entre des centres hospitaliers et les groupes pharmaceutiques qu'ils fournissent de ces produits, sans information préalable des mères, «donneuses» sans le savoir.

Des banques privées proposent pour 1500 à 3500 euros de prélever et de conserver le cordon ombilical d'un bébé pendant 20 à 25 ans, en prévision d'une utilisation ultérieure possible de ses cellules souches, qui, autologues, seront bien tolérées sur le plan immunitaire (pas de rejet de greffe).

4000 français, 30.000 britanniques et 2,5 millions d'Américains sont déjà clients de banques privées qui se développent partout, sauf en France où elles sont interdites (loi du 5 mars 2012) en raison du principe d'extrapatrimonialité (le corps humain, ses éléments et ses produits ne peuvent faire l'objet d'un droit patrimonial).

3 banques publiques françaises reçoivent des dons anonymes et gratuits de cordons, réalisés dans 28 maternités accréditées (il en faudrait 60 selon le Comité consultatif national d'éthique), partenaires du Réseau français du sang placentaire, qu'elles redistribuent selon les besoins. Si le cordon ne peut faire objet de commerce,

le coût de son prélèvement et de sa conservation peut, par contre, être perçu. Ainsi, pour une greffe dans le cas de maladies du sang, comme la leucémie aiguë, la dose de sang de cordon est fournie par l'EPS pour 9100 euros.

Plus de 30.000 unités de sang de cordon sont stockées en France (600.000 dans le Monde), mais il en faudrait 10 fois plus, d'où la nécessité d'en importer des poches pour des prix allant de 15.000 à 25.000 euros.

Une société de Floride envoie au client un kit permettant à l'accoucheur de prélever le tissu du cordon, transmis par un service de courrier international à l'entreprise qui le prépare pour la conservation de cellules souches, en affectant un numéro d'attribution pour le bébé. En même temps des tests sanguins de la mère sont pratiqués pour exclure les sangs porteurs d'infections virales. Ces envois sont interdits en France (art. 511-8 à 511-8-2 du Code pénal), punis de 3 ans d'emprisonnement et 30.000 euros d'amende (L-1211-9 du CDS). La même société envoie des kits de tampons spéciaux pour récupérer le sang menstruel (99 dollars par an pour conservation au congélateur). Des ventes de placentas, comme de cellules fœtales, sont faites à des fabricants de cosmétiques qui vantent leurs propriétés pour le rajeunissement. Des entreprises de cosmétiques achètent des prépuces frais, néonataux à partir desquels elles font des cultures cellulaires, revendues (340 dollars), en flacons, comme produits anti-âge.

Des profits peuvent être tirés de cellules prélevées sur un patient qui, lui, n'a droit à aucune rémunération. Rebecca Skloot décrit comment en 1995 des prélèvements sans consentement, de cellules tumorales d'une jeune femme (Henrietta Lacks) ont été à l'origine de milliers d'études (sur les cellules HeLA) qui ont enrichi des laboratoires, alors que les descendants de la donneuse sont dans la gêne.

Le cas John Moore est un autre exemple. En 1976 un docteur de Californie recommande l'ablation de la rate de J. Moore souffrant d'une leucémie rare à tricholeucocytes à partir desquels, sans information du patient, est établie une lignée cellulaire de lymphocytes T qui obtient un brevet permettant la commercialisation très lucrative du produit. Demandant une part de propriété du brevet, J. Moore est débouté par la Cour suprême de Californie statuant qu'il n'a aucun droit de propriété sur des tissus corporels destinés à la destruction.

Une société écossaise a développé un commerce (5000 livres l'unité) de lignées de cellules souches embryonnaires humaines à partir d'embryons donnés.

En Hongrie (2015) une vente de cellules souches embryonnaires prélevées sur des fœtus avortés, à une clinique de chirurgie esthétique vient d'être dénoncée. Alors que l'avortement est légalisé dans des pays de l'Union européenne, l'utilisation à des fins industrielles et commerciales de fœtus est interdite. Une société propose pour 4700 euros, de faire un prélèvement personnel de peau, de réaliser à partir de là une culture de cellules souches, entretenue pour 390 euros par an, disponible en cas de besoin de greffe non susceptible de rejet.

La vente de tests génétiques

De nombreux tests permettent de déceler des prédispositions génétiques à certaines maladies, à des coûts abordables : test préconceptionnel pour déceler des mutations chez de futurs parents ayant des antécédents familiaux de maladies héréditaires ; tests de diagnostic préimplantatoire, après une fécondation in vitro, pour vérifier à partir d'une cellule de l'embryon à 8 cellules, l'absence d'anomalies du nombre des chromosomes ou de délétions ou de mutations ponctuelles de gènes, susceptibles d'un risque élevé de maladies graves et incurables ; test prénatal à partir d'un prélèvement de sang maternel qui contient un peu d'ADN fœtal ; test périnatal appliqué au nouveau-né (en France pour rechercher cinq maladies dues à des mutations d'un seul gène : phénylcétonurie, hypothyroïdie congénitale, hyperplasie des surrénales, drépanocytose, mucoviscidose (en 2012 de tels tests ont été pratiqués sur 41.000 fœtus) ; test chez l'adulte pour dépister et prévenir certaines maladies génétiques, préciser le diagnostic et le traitement de certains cancers (en 2011 55.000 patients ont bénéficié de tels tests pour préciser leur traitement spécifique), mais aussi les recherches d'identité, de paternité ou d'ascendance. Il y a en France 229 laboratoires de génétique postnatale dont l'activité est suivie par l'Agence de biomédecine et Orphanet.

En février 2015 les autorités américaines ont autorisé la vente libre par 23and Me, quasi filiale de Google, du test génétique de dépistage du syndrome de Bloom (1 cas par an en France) à partir d'un échantillon de salive des deux parents, car il faut que les deux soient porteurs de la mutation pour qu'il y ait possibilité de maladie pour leur l'enfant. En France la loi interdit la vente libre des tests génétiques qui ne peuvent être faits que dans un cadre médical éclairant le patient sur son intérêt et sur les conséquences du résultat et avec son consentement.

Néanmoins, les ventes de tests génétiques pas toujours validés et en dehors du système de santé, se multiplient sur internet, pour quelques centaines d'euros (de 90 à 1200), avec une concurrence ouverte des prix, et malgré leur fiabilité prédictive limitée, bien qu'ils prétendent souvent pouvoir évaluer la santé génétique pour plus de 25 maladies (maladies cardiovasculaires, immunitaires, cancers, atteintes dues au vieillissement). Un séquençage complet du génome est offert pour 900 euros. Des tests de prédisposition génétique, concernant plus de 1500 maladies génétiques sur 12.000, sont disponibles pour 300 euros, 20 jours après réception de l'échantillon. Le site américain 23and Me propose pour 225 euros d'analyser les risques pour 250 maladies.

En 2006 23and Me affichait 300.000 clients, bien qu'avertissant que les résultats ne sont que statistiques et non des diagnostics. Hautement prédictifs dans le cas de maladies dues aux mutations d'un seul gène (exemple, la maladie de Huntington), les tests n'apportent aucune certitude dans le cas de maladies multifactorielles, comme les cancers. Les personnes porteuses de mutations des gènes BRCA1, BRCA2, PALB2 ont un risque de 50 à 80% d'avoir un cancer du sein avant 70 ans (au lieu de 10% dans la population générale). L'entreprise américaine Myriad Genetics qui avait séquencé, avec l'Université d'Utah, le gène BRCA1 en 1994, avait obtenu par la suite, une série de brevets la mettant en situation de monopole pour l'exploitation des BRCA dans le test de cancer du sein et de l'ovaire, qu'elle facturait autour de 3000 euros, alors que d'autres sociétés auraient pu le faire pour 900.

Au bout de 15 ans, après d'interminables procédures judiciaires et contradictions de l'Office Européen des Brevets, cette situation a été levée, mais Myriad Genetics conserve l'avantage des informations acquises pendant ces années pour l'interprétation des mutations. De même, les personnes porteuses des mutations d'un gène de la famille MMR ont de 40 à 70% de risques de développer un cancer colo-rectal (syndrome de Lynch).

En 2008 la société Genetic Technologies qui possède le brevet du gène SCN1A permettant le diagnostic précis du syndrome de Dravet (épilepsie sévère), refuse son application par les hôpitaux eux-mêmes. L'entreprise américaine Pathway Genomics commercialise pour quelques 200 dollars, un test (Cancer Intercept) qu'elle prétend permettre de détecter précocement divers types de cancers (cancers colorectal, du sein, des ovaires, des poumons...). Il est vivement contesté par la FDA, car uniquement validé sur des patients déjà diagnostiqués.

Par contre, la société Genomic Vision et le CHU de Reims ont lancé un essai clinique pour évaluer l'efficacité d'un test génétique (dit de peignage moléculaire) de diagnostic précoce du cancer du col de l'utérus qui représente 3000 cas par an en France et 1100 décès.

La question des brevets sur les gènes humains reste ambigüe. Le brevet doit récompenser l'activité créatrice, assurer la protection de la propriété intellectuelle, permettre la diffusion publique.

Le 13 juin 2013, la Cour suprême des USA affirme la non-brevetabilité de gènes isolés, qui sont des produits de la nature et non des inventions.

Mais en Europe est reconnu comme brevetable *«un élément isolé du corps humain ou autrement produit par un procédé technique, y compris la séquence ou la séquence partielle d'un gène, même si la structure est exactement identique à celle d'un élément naturel».* L'Union européenne affirme (1998) que si le corps humain (ainsi que la simple découverte de ses éléments, un gène par exemple) ne peut faire l'objet de brevets, un élément isolé du corps peut constituer une invention brevetable.

La Cour européenne confirme en 2001 que le séquençage ne peut pas faire l'objet d'un brevet s'il n'est pas accompagné d'une invention, d'une application industrielle.

La loi de bioéthique du 7 août 2004, révisée en août 2013, dispose que seule une invention constituant l'application technique d'une fonction d'un élément du corps humain peut être protégée par un brevet. En 1991 le National Institut of Health a demandé un brevet sur une lignée cellulaire dérivée de l'ADN d'un donneur de Nouvelle-Guinée infecté (sans être malade) par une variante du virus lymphotrope T humain (HFLV) permettant des vaccins contre des leucémies causées par HTLV et des virus apparentés, sans qu'il y ait même eu consentement du donneur ou de sa tribu (Hagahai). En fait, aujourd'hui 20% des gènes humains sont brevetés dans plusieurs pays. Aux USA 4000 gènes humains assimilés à des «produits chimiques» sont brevetés par des entreprises privées ou des universités. Le marché des gènes est en plein essor. L'entreprise française Gentech dépose 28% des demandes de brevets de gènes humains. Ainsi, suite à un contrat avec 23and Me, l'entreprise Gentech va pouvoir (2015) utiliser les données génétiques et le dossier médical de 3000 patients atteints de la maladie de Parkinson, afin d'identifier des cibles pour développer de nouveaux médicaments. 23and Me aurait vendu ainsi des informations médicales (fournies gracieusement) de chaque patient 20.000 dollars, avec son consentement gratuit et anonyme, pour aide à la recherche.

Rappelons qu'on peut choisir le sexe d'un enfant par tri des spermatozoïdes (avec le chromosome Y pour les garçons, X pour les filles) préalablement à la fécondation, par tri des embryons lors d'une fécondation *in vitro*, par avortement après échographie ou analyse du sang maternel (qui contient des cellules fœtales) ou amniocentèse ou biopsie du trophoblaste (annexe extra-embryonnaire). Aux USA où le tri des embryons est légal (comme en Israël) de nombreuses cliniques de procréation médicale proposent pour 5000 dollars le tri des spermatozoïdes, avec des trieurs de cellules permettant 70% de réussite. La sélection du sexe des embryons lors des PMA y est une pratique courante. L'interruption volontaire de grossesse (IVG) est autorisée jusqu'à 24 semaines. En France le choix du sexe pour convenance personnelle est interdit.

DEUXIÈME PARTIE

LE MARCHÉ DU CORPS HUMAIN VIVANT

Dans le passé et même plus récemment lors de la dernière guerre, les condamnés à mort, les internés, les prostituées, les prisonniers, etc. : tous les sujets dits de moindre valeur (les corps vils de G. Chamayou) ont été utilisés comme matériau expérimental pour fonder la science médicale. Un Code d'éthique médical (CET) a été mis en place par plusieurs comités, pour réglementer ces pratiques. Étape essentielle de la recherche médicale, les essais cliniques actuels ont pour but de suivre un état de santé ou de vérifier l'efficacité et la tolérance d'une molécule, d'un traitement ou d'une méthode diagnostique chez l'homme. Ils sont précédés de tests sur des cultures cellulaires ou des animaux, qui valident la suite des essais sur l'homme. Les essais d'observation se bornent à suivre l'évolution d'une maladie. Les essais d'intervention sont des essais de dépistage, de traitement ou de risques génétiques.

Ils sont conduits suivant 4 phases : menées sur un nombre réduit de personnes, les études de la phase I vérifient l'innocuité du produit, l'efficacité du mode d'administration (voie orale, injection...). Dans la phase II l'évaluation porte sur 100 à 300 sujets. Les études en phase III confirment l'efficacité du traitement, suivent la manifestation d'effets secondaires sur des groupes de 1000 à 3000 personnes. Après l'autorisation de mise sur le marché par l'Agence nationale de sécurité des médicaments, les études de la phase IV poursuivent les observations à long terme.

Tous ces essais doivent être faits dans le respect de règles éthiques qui exigent le recours à des volontaires (majeurs, bénéficiant de la sécurité sociale) qui restent en nombre insuffisant (1/3 des essais ne débute pas faute de volontaires qui en Europe sont moins de 5% de la population) et doivent être, en outre, sélectionnés pour l'objectif attendu. Les volontaires sont soit des malades pour essayer un nouveau produit dans leur traitement, soit des personnes saines.

Ils signent un formulaire de consentement de participation à l'étude, qui détaille leurs droits et leur responsabilité, leur sécurité étant assurée par un comité d'éthique. De nombreux sites recrutent aussi pour des essais de produits cosmétiques ou de produits alimentaires.

Il y a environ 1000 essais thérapeutiques par an, en France. Dans le Monde 25 millions de personnes participent à des essais cliniques qui mobilisent 60 à 70% du budget de Recherche et développement, mais 80% des études sont freinées par la difficulté à trouver des volontaires.

Outre les remboursements de leurs frais (transport, hospitalisation...), les volontaires sains à des essais, reçoivent une compensation financière. Aussi, des chômeurs et des étudiants français acceptent-ils de participer aux tests cliniques pour 400 à 4500 euros non imposables (1600 pour 7 jours d'hospitalisation, 3000 pour 18 jours), au risque d'effets indésirables ou d'atteintes plus graves.

En 2006 des personnes faisant l'objet d'essais d'un médicament anticancéreux, tombées dans le coma, avaient été rémunérées 3300 euros. En raison de la lenteur et de l'alourdissement des obligations administratives en France, les établissements privés privilégient les essais (surtout en phase III et IV qui nécessitent un grand nombre de sujets) en République tchèque, Pologne, en Ukraine et Russie, où le personnel médical, peu payé, arrondit son salaire dans des essais de programmes dits humanitaires (avec des risques de graves atteintes de santé pour les traités), pour lesquels les patients ne reçoivent, eux, aucune rémunération.

En 2007 en Pologne, des SDF ont servi de cobayes à leur insu pour des vaccins contre la grippe aviaire. En 2010 en Allemagne de l'Est, 2000 personnes ont été utilisées à leur insu pour subir des tests dans une vingtaine d'hôpitaux qui recevaient de firmes pharmaceutiques 40.000 euros par test.

De 1932 à 1972 des médecins américains du service de santé publique ont recruté dans la ville de Tuskegee (Alabama) des Noirs de 25 à 60 ans atteints de syphilis, qu'ils ont laissés sans traitement, afin d'étudier les conséquences cardiologiques et neurologiques de la maladie, alors que, dès 1943, la pénicilline avait fait preuve de son efficacité. En compensation, les sujets recevaient un repas gratuit, le remboursement du transport et 50 dollars pour les funérailles, s'ils acceptaient l'autopsie. Le scandale éclata en 1972, dénoncé par le journaliste Jean Heller. Une commission d'enquête du Sénat déclara l'étude éthiquement injustifiable dès son commencement.

De 1946 à 1948 des médecins du service de santé publique des États-Unis ont contaminé à leur insu 1500 Guatémaltèques (dont des malades mentaux) avec les agents responsables de la syphilis, de la blennorragie et du chancre mou, pour étudier les effets de différents antibiotiques. Selon l'Observer, en 1997, plus de 300 enfants d'un centre de l'assistance publique (ce qui ne nécessite pas le consentement parental) de New York auraient été utilisés dans 36 expériences (dont certaines financées par le National Institut of Allergy and Infectious diseases), pour tester la toxicité de médicaments contre le

SIDA. De plus, des médicaments antibactériens auraient été essayés sur des bébés de 3 mois. Dans deux tiers des essais cliniques sur des bébés pour mesurer l'efficacité de traitement antidouleur, le groupe témoin ne reçoit qu'un placebo, ne bénéficie d'aucun traitement (solution sucrée, tétine, crème anesthésiante) pour diminuer son inconfort, ce qui contrevient aux normes éthiques internationales. L'article 111-21-7 du Code santé publique précise que *«les mineurs ne peuvent être sollicités pour se prêter à des recherches biomédicales que si des recherches d'une efficacité comparable ne peuvent être effectuées sur des personnes majeures».*

Dans les années 1945 à 1960 une dizaine de millions d'injections de lomidine (pentamidine) a été faite, de bonne foi, à des Africains dans l'intention de prévenir la maladie du sommeil due à un parasite sanguin, ce qui a provoqué de nombreux accidents graves et des décès.

En matière médicale il y a divergence d'intérêt dans le rapport Nord/Sud. Le Nord a intérêt à faire des essais peu coûteux sur de larges populations ne bénéficiant pas de protection sociale et sur des sujets qui ne concernent pas la santé publique locale, alors que le sud n'a ni les moyens de pression ni les finances suffisantes pour imposer des recherches concernant ses propres besoins. Entre 1999 et 2002, seulement 1% des nouvelles molécules concernait des maladies tropicales.

De grands laboratoires américains ne font plus que 30 à 50% de leurs tests cliniques aux USA. Ils les ont délocalisés en Afrique du Sud, Moyen-Orient (14% des essais), Amérique latine, Asie et en Inde et Chine (près de 5% des essais cliniques dans le Monde) où ils reviennent officiellement 25% moins chers, où il n'y a pas de contrôle efficace pour le respect des conventions internationales et l'application des règles d'éthique. Dans le souci de faire des essais toujours plus vite et toujours plus grands, «*le risque est grand de voir apparaître des procédures simplifiées, moins rigoureuses, voire expéditives*» (Ph. Chippaux).

Comme des scandales le révèlent régulièrement, des milliers d'expérimentations sont ainsi faites à l'insu de sujets de tous âges, issus de populations pauvres, sans aucune rémunération pour des risques assumés, parfois mortels. Que signifie d'ailleurs pour eux «consentement éclairé»? Entre 2008 et 2012 les essais cliniques (payés 100 euros par personne), auraient causé en Inde 2061 décès pour 40.000 participants pauvres, recrutés par des rabatteurs (payés 7 euros par recruté) faisant du porte-à-porte, et avec la complicité de médecins d'hôpitaux publics.

L'OMS signale en Inde, entre 2008 et 2011, 10 morts par semaine suite à des essais médicamenteux. L'hôpital de Bhopal (Inde), construit pour étudier les effets de l'accident de 1984, a été dénoncé comme un centre d'essais cliniques utilisant des patients à leur insu et sans rémunération.

Selon der Spiegel 50.000 personnes auraient subi 600 expérimentations dans 50 hôpitaux de l'Allemagne de l'Est, jusqu'en 1998 (chute du mur de Berlin).

Selon l'enquête d'une ONG suisse (la déclaration de Berne, 2013), en Argentine (troisième plus important pays d'Amérique latine à héberger des essais cliniques), entre 2007 et 2010 11.000 nouveau-nés (pour chacun desquels le médecin recevait 350 dollars) ont fait l'essai d'un vaccin, le synflorix, contre la pneumonie, ce qui a causé 14 morts. Pour expérimenter l'effet d'un produit (l'asénapine) sur leur schizophrénie, en 2010 des adolescents ont été partagés en deux groupes, dont l'un servant de témoin, pour lequel tout traitement a été interrompu, ce qui les mettait gravement en danger, en toute impunité.

De même, en 1996 au Nigéria dans l'affaire Pfizer, un antibiotique (trovan) a été testé contre la méningite, avec un groupe de 100 qui le recevait et un autre groupe de 100 qui recevait un produit sous-dosé, alors utilisé aux USA : le ceftriaxone. Il y a eu 5 morts dans le premier lot, 6 dans le second et une grande partie des survivants est restée atteinte de paralysie ou de lésions cérébrales. Pour 75 millions de dollars, le Nigeria et l'état de Kano ont retiré la plainte qu'ils avaient portée contre l'entreprise. Pour tester un médicament (le Ténofovir) contre le SIDA, le Ministère de la Santé du Cameroun et un laboratoire incitaient des prostituées à se livrer à des rapports sexuels non protégés en contrepartie de 4 euros. Suite à une campagne médiatique, le trafic a été suspendu en 2005. L'Inde et Porto Rico ont été particulièrement choisis pour des essais de la contraception, sans que leurs habitantes en aient tiré bénéfices. Pour expérimenter des contraceptifs, des Africaines à leur insu, ont participé à des essais qui leur ont causé des troubles secondaires (lésions précancéreuses au niveau des cervicales) que l'expérimentateur a laissés évoluer pour permettre un suivi d'observation. Selon l'ONG Sama, entre 2005 et 2012, 2600 décès ont été relevés sur 40.000 participants à des essais cliniques. Une partie, reconnue due aux médicaments testés, a été indemnisée de 3000 à 4000 francs suisses.

Dans la chaîne des dons d'organes, les principes de l'éthique médicale peuvent être mis à mal. Ainsi, au CHU d'Amiens le 6 février 2006 a été présentée Isabelle Dinoire greffée de la face le 27 novembre 2005, l'équipe chirurgicale optant pour une stratégie de communication avec conférence de presse, en dépit des règles de confidentialité qui s'imposent dans le contexte des greffes d'organes. Par contre, le 7 septembre c'est sous la simple désignation de «patient D» que le CHU annonce son décès survenu le 22 avril. N'est-ce pas faire peu de cas de ceux qui s'engagent dans des risques pour faire avancer la médecine ?

Après autorisation de mise sur le marché, des médicaments dont la nocivité est démontrée continuent d'être prescrits jusqu'à ce que des scandales médiatiques obtiennent leur retrait. Ainsi, le distilbène, prescrit depuis 1955 en France pour prévenir les fausses couches, appliqué à 200.000 femmes, a été à l'origine de nombreuses anomalies des enfants jusqu'à son retrait en 1977. Selon le réseau DES (effets du distilbène) les séquelles pourraient porter sur 3 générations, manifestées par un accroissement de 30 à 40% de cancers pour les filles exposées *in utero*.

La dépakine (valproate de sodium), mise sur le marché en 1960 comme antiépileptique et médicament contre les troubles bipolaires, n'a été déconseillée aux femmes enceintes qu'en 2006, après avoir causé de graves troubles neurologiques et des malformations congénitales dont la spina bifida (non-fermeture de la colonne vertébrale) chez de nombreux enfants de mères traitées (14.322 entre 2007 et 2014, selon l'Agence nationale de sécurité du médicament), représentant un coût de prise en charge de 6 milliards. En 2002 la lamotrigine (lamictal et ses génériques) pouvait traiter 40% de patients à la place de la dépakine. Aujourd'hui les prescriptions doivent être faites par un spécialiste et la patiente signe un accord, après information sur les risques encourus. En 2015 le chiffre d'affaires mondial de la dépakine a été de 422 millions d'euros.

De même l'Autorisation de mise sur le marché a mis en garde les médecins contre l'utilisation de l'Epitomax (topiramate) autorisé pour traiter l'épilepsie ou la migraine chez l'adulte, abusivement prescrit à des fins d'amaigrissement. Ses effets indésirables sont des troubles de la mémoire, du langage et de la coordination des mouvements et des malformations du fœtus.

Le Vioxx est un anti-inflammatoire qui a été autorisé en procédure accélérée par la FAO (Food and agriculture organization) en 1998 et commercialisé en 1999. Il accroît les risques cardiaques de 28% chez les hommes et de 216% chez les femmes. Bien qu'il ait été signalé en 1998 puis en 2000 qu'il multiplie par 5 les risques de crises cardiaques et d'attaques cérébrales par rapport à d'autres produits concurrents, il a été maintenu sur le marché jusqu'en 2004, après avoir causé la mort probable de 160.000 victimes dont 40.000 aux USA. Suite aux quelque 50.000 plaintes, le laboratoire a versé près d'un milliard d'euros, mais le Vioxx lui avait rapporté 2,5 milliards de dollars par an.

Le même laboratoire semble récidiver avec le Gardasil, vaccin contre le cancer du col de l'utérus, provoqué par un papillomavirus humain (HPV). La vaccination, très recommandée par le HCSP (Haut Conseil à la santé publique) qui conseille la vaccination de toutes les petites filles de 1 à 14 ans (ce qui est justifié dans les pays où les frottis vaginaux ne sont pas couramment pratiqués), est appliquée à des milliers de jeunes filles en France depuis 2009. Selon le système de pharmacovigilance VALERS, en 2013 le vaccin aurait provoqué 32.179 effets indésirables, 587 états graves invalidants, 148 morts. En

France, bien que 2000 effets indésirables aient été retenus, dont 500 graves et 4 morts, sans attendre de nouvelles observations, il est envisagé de doubler cette couverture vaccinale qui est de 30% actuellement.

Le médiator dont le principe actif est le benfluorex (dérivé de la norfenfluramine, proche de l'amphétamine), toxique pour le cœur, commercialisé en 1976, pour traiter le diabète de type 2, a été indûment utilisé comme coupe-faim. Il n'a été retiré du marché qu'en 2010 (il l'était en Suisse depuis 1998), après avoir provoqué la mort par atteinte des valvules cardiaques, de 1000 à 2000 sujets sur 5 millions de traités (145 millions de boîtes vendues). Le scandale a été révélé par la pneumologue Irène Frachon. La responsabilité du laboratoire n'a pas encore été jugée. Une quinzaine de caisses d'assurance-maladie ont assigné l'industriel. Les malades pris en charge par la sécurité sociale ont coûté de 2000 à 40.000 euros, soit une facture de dizaines de millions d'euros. L'IGAS (Institut général des affaires sociales) met en cause la responsabilité du laboratoire, mais aussi la négligence de l'Agence nationale du médicament et des produits de santé (ANSM).

Diane 35 (éthinylestradiol combiné à acétate de cyprotérone), indiqué pour combattre l'acné, autorisé par l'AMM en 1987, a été prescrit pendant 30 ans comme pilule contraceptive (vendue 7 fois plus chère qu'une pilule classique), bien que les risques de thrombose soient connus. En France jusqu'en 2012 plus de 315.000 femmes ont été traitées, 4 à 5 millions de plaquettes vendues par an. L'ANSM (Association Nationale de Sécurité médicale) l'a retiré du marché en 2013. 8 mois plus tard, sur injonction de la Commission européenne, il y a été remis, mais comme seul traitement anti-acnéique.

L'Avandia (rosiglitazone) antidiabétique de type 2, connu dès 2007 pour augmenter de 45 % le risque d'infarctus et de 42% les risques d'accidents vasculaires, n'a été retiré du marché en Europe qu'en 2010, après avoir rapporté à son fabriquant 3 milliards de dollars, et provoqué près de 100.000 crises cardiaques.

Les liaisons entre médecins, experts, et industrie pharmaceutique ne visent pas toujours la seule santé des clients plutôt considérés comme objets, source potentielle de profits.

D'ailleurs en France, un récent décret du Ministère de la Santé empêche de savoir combien touchent les médecins consultants de l'industrie. Ces derniers, *«sous l'influence des firmes pharmaceutiques»,* selon Formindef peuvent être achetés comme garants de l'activité d'un produit qu'ils évaluent.

Formindef est une association de professionnels de santé pour la formation et l'indépendance de l'information des médecins, dénonçant les conflits d'intérêts entre experts de la HAS et les firmes.

Plusieurs remèdes «anti-Alzeihmer» (des anticholinestérasiques) sont inefficaces, mais la Haute Autorité de Santé (HAS) déclare (2009) que *«malgré un rapport efficacité/effets indésirables modeste, leur prescription pour la collectivité reste justifiée».*

Les États peuvent même être non seulement complices, mais auteurs de la prévalence des intérêts financiers sur la protection de la santé publique, comme le montre l'affaire du sang contaminé en France. Quand le lien a été fait entre transfusions sanguines et épidémie de SIDA, une circulaire du 20 juin 1983 du Directeur général de la santé a interdit de collecter le sang de sujets à risque, mais elle n'a pas été appliquée. La Directrice de l'Administration pénitentiaire, le 10 juin 1985, pour ne pas stigmatiser les homosexuels, décide de ne pas les écarter et de poursuivre les prélèvements dans les prisons. Quand les USA ont utilisé une technique de chauffage du sang pour neutraliser le virus VIH, la France en 1984 a refusé d'importer du sang chauffé. La demande d'enregistrement par la firme américaine Abbott de son test de dépistage a volontairement été retardée de 7 mois (8 janvier 1985 à juillet 1985) pendant lesquels les receveurs de transfusion ont été contaminés (200 par mois).

De 1984 à 1985 des lots de sang dont on savait qu'ils étaient contaminés, ont été transfusés à des hémophiles jusqu'au 1er octobre 1985, par le Centre National de transfusion sanguine (CNTS qui doit fournir «*du sang exempt de vices*») pour utiliser des stocks non chauffés, qui représentaient 34 millions de francs à récupérer. Alors que le test de dépistage Abbott est appliqué aux USA, pour donner le temps à Diagnostics Pasteur de rattraper son retard en produisant son propre test (de meilleure qualité), la France attend le 19 juin 1985 pour déclarer le dépistage obligatoire et systématique des produits sanguins. Le scandale éclate en 1991 grâce à une journaliste : Anne-Marie Casteret. Au total, le comportement des responsables aux différents niveaux de l'État a causé volontairement la mort par le virus du SIDA de 1000 à 2000 personnes.

Suite aux premières plaintes de 1988, les différents procès (Cour de justice, Cour de cassation) terminés en 1999 ont abouti pratiquement à des relaxes et à un non-lieu général pour les «*responsables, mais pas coupables*», selon la formule de la ministre G. Dufoix.

De même, en 1994 le secrétaire d'Etat à la Santé lance une campagne de vaccination intensive contre l'hépatite B (maladie transmissible par le sang et par voie sexuelle), appuyée par une publicité exagérant les risques de l'épidémie en France et les dangers encourus (cirrhoses, cancers du foie, hépatites fulminantes). Obligatoire depuis 1991 pour le personnel de santé, la vaccination est alors massivement effectuée dans les écoles et sur les nourrissons. Deux ans après on note une augmentation significative du nombre de maladies auto-immunes (sclérose en plaques,...) déclarées à la pharmacovigilance. En 1998, suite aux 3500 dossiers déposés par une association de victimes (le REBAHB), la vaccination est arrêtée dans les écoles. Des études épidémiologiques objectives démontrent qu'il y a un risque multiplié par trois de manifestation de sclérose en plaques dans les trois ans qui suivent une vaccination contre l'hépatite B. Après bien des jugements contradictoires, en 2013 le Ministère de la Santé reconnaît officiellement que plus de 1000 cas de sclérose en plaques ont été développés suite à cette vaccination.

Pour autant les nourrissons continuent à recevoir ce vaccin pourtant non obligatoire. En effet, le vaccin DTP (diphtérie, tétanos, poliomyélite) obligatoire ne se fabrique plus depuis 2008. Ne peuvent être utilisés que des vaccins tétravalents (DTP+coqueluche) ou pentavalents (DTP+coqueluche+ Haemophilus influenzae type B contre les méningites bacillaires) ou hexavalents (DTP+coqueluche+HIB+hépatiteB), ce dernier très utilisé, coûtant 40 euros au lieu de 7 euros pour le trivalent.

Avec 324 sites mondiaux de fabrication (dont 60% en Europe), le marché des vaccins est de plus en plus attractif et attire la majeure partie des projets d'investissements : un chiffre d'affaires pour 2016 est estimé à 42 milliards d'euros. Les firmes négocient avec les gouvernements les prix des vaccins dont le marché d'ici 2025 devrait plus que doubler (80 milliards de dollars) en raison de la demande croissante des pays émergents et de la multiplication des programmes de vaccination des ONG.

Entre 1945 et 2009, de grandes puissances ont exposé sciemment des centaines de milliers de personnes aux retombées radioactives, lors de 2400 essais nucléaires (421 atmosphériques, 1883 souterrains), tant américains (Utah, Nevada), que russes (Kazakhastan, Nouvelle–Zemble), français (Sahara, Pacifique) ou anglais (Australie). D'après le CEPR (Centre européen sur le risque de l'irradiation), les effets des radiations nucléaires, principalement atmosphériques, seraient la cause de 6,1 millions de morts par cancers, contre 2 millions pour l'IRSN (Institut de radioprotection et de sureté nucléaire).

La loi française du 5 janvier 2010 reconnaît le droit à l'indemnisation des « irradiés de la République » dont se réclament 150.000 travailleurs civils et militaires.

Rappelons aussi que les erreurs médicamenteuses sont responsables chaque année dans les établissements de santé français, de 10.000 à 20.000 évènements indésirables graves et selon F. Pesty, de 1000 décès.

L'achat des femmes

Il y a 3000 ans, à Summer, le mariage a été institué pour garantir dans les sociétés patriarcales la reconnaissance de paternité. Pour supprimer l'enlèvement de la femme (dont il reste le voile cachant à l'origine les traits de la mariée), le droit romain l'a adopté. Pour assurer la structure sociale, l'article 312 de notre Code civil fait de même : «l'enfant conçu ou né pendant le mariage a pour père le mari». L'épouse promise est cédée par le père à son mari contre une dot dont la valeur dépend de différentes caractéristiques dont la virginité. Le mariage est un contrat commercial où la femme est objet de tractations permettant des alliances entre familles ou des avantages à la famille de la mariée. En France, le mariage, religieux jusqu'à la Révolution, devient acte de droit civil en 1792. Puis la raison du mariage évolue en Occident avec l'introduction du concept récent de l'amour réciproque et du consentement romantique des deux conjoints. Aujourd'hui chaque communauté selon sa religion, sa culture, ses traditions a ses pratiques du mariage, ce qui crée un décalage juridique entre le pays d'origine et, éventuellement, la société de réception d'un migrant. Ainsi, jusqu'à la dernière guerre, au Japon, des faiseuses de mariages (match makers) qui connaissaient les familles arrangeaient les rencontres.

Selon l'UNICEF près de 90% des mariages en Inde sont des mariages arrangés (consentement acquis des époux) pour réunir deux familles (mariage endogame), comme dans beaucoup de pays d'Afrique et d'Asie, les parents choisissant pour des raisons de religion, de caste, de profession, le conjoint de leur enfant.

Les mariages consanguins (entre cousins du 2ème degré ou plus proches) touchent 10% de la population mondiale (avec les risques accrus de maladies génétiques), notamment au Pakistan (51%), au Soudan (50%), en Arabie saoudite (38%), en Inde (26,6%).

Dans le Monde 700 millions de femmes (dont 250 millions d'enfants) ont été mariées de force, 130 millions subissant des mutilations sexuelles dans 29 pays d'Afrique et du Moyen-Orient. Selon l'ONG Care, chaque jour dans le Monde, 39.000 jeunes filles de moins de 18 ans subissent un mariage forcé.

En France, bien qu'une loi de juillet 2013 précise que le fait de tromper quelqu'un pour l'emmener à l'étranger subir un mariage forcé (sans le consentement d'un des conjoints) soit passible de 3 ans de prison et 45.000 euros d'amende, 70.000 femmes seraient menacées de mariage forcé. 51 millions de filles sont mariées avant 18 ans (entre 15 et 19 ans 74% dans la République démocratique du Congo, 73% au Niger, 50% au Bangladesh) avec des conséquences physiques (grossesses à taux élevé de mortalité) et psychiques (dépression, idéation suicidaire).

Le mariage précoce est subi par 1 fille sur 3 dans des pays en développement. Au Rajasthan des bébés de 2 à 3 ans sont donnés en mariage. Au Népal des garçons de moins de 5 ans sont mariés.

L'Etat Islamique vient de fixer le prix des filles et des femmes :

- de 1 à 9 ans : 138 euros ; de 10 à 12 ans : 104 euros ; de 20 à 30 ans : 69 euros ; de 30 à 40 ans : 52 euros ; au-delà de 40 ans : 35 euros.

Dans le Kurdistan iranien, les femmes Yazidis sont esclaves sexuelles de l'EI ou reproductrices pour que leur progéniture grossisse les rangs de l'organisation (P. Desbois et N. Costel).

En France, où le mariage est interdit avant 18 ans, et où l'absence de consentement entraîne la nullité du mariage (art. 180 du Code civil), des filles sont mariées par leur famille pour 1500 euros à des hommes d'origine africaine. Bien que le mariage forcé soit en recul en France avec les générations, 4% des femmes immigrées, âgées de 26 à 50 ans ont subi un mariage forcé, souvent accompagné de menaces et de violences, comme 2% de leurs filles nées en France.

En Afrique de l'Ouest le lévirat est l'obligation pour une femme mariée devenue veuve, d'épouser le frère de son mari et le sororat celle pour un veuf d'épouser la soeur de sa défunte épouse.

Les agences matrimoniales et clubs de rencontre engrangent des centaines de millions de bénéfices dans le Monde. Ainsi, des rencontres sur place avec des Ukrainiennes, séjour d'une semaine compris, sont facturées 1000 euros.

Le mariage blanc est un mariage contracté dans le seul but de faire bénéficier l'un des conjoints d'avantages liés aux époux, tels que l'acquisition d'une nationalité ou d'un droit de séjour. Il se fait généralement par compensation d'une rémunération. Des «intermédiaires» procurant de faux papiers certifiant la communauté de vie des conjoints ont ainsi été pris, proposant pour 10.000 euros, à des étrangers sans papiers, un mariage avec des femmes, le plus souvent désemparées et «en retrait familial». Bien que la police et la gendarmerie aient été appelées (20 juin 2010) à traquer ces fraudes, leur estimation est impossible. En droit, le mariage blanc est une fraude sanctionnée par 5 ans de prison et 15.000 euros d'amende.

A signaler qu'en Chine suite à la politique de l'enfant unique et à l'élimination des filles par infanticide, ce sont les hommes qui devaient payer la dot pour se marier.

La prostitution

Florissante depuis l'Antiquité, la prostitution (pratique sexuelle contre rémunération) s'est développée depuis le XIIème siècle avec l'urbanisation, tantôt tolérée, tantôt réprimée. Du XIIème au XIVème siècle en France, l'Église et l'État ont organisé la prostitution. D'abord acceptée dans certaines rues (comme la célèbre rue Saint Denis), elle a été contrainte de se réfugier sur les bords de Paris (d'où le nom de bordel), avant d'être réintégrée dans des rues aux noms évocateurs (Brise-Miche, Gratte-cul, Tire-boudin).

Suite à l'importance prise par les maladies vénériennes, surtout la syphilis, au XIXème siècle la prostitution devient objet de surveillance dans des «maisons closes» dont la loi Marthe Richard de 1946, a imposé la fermeture en métropole. La prostitution apparente passe alors sur les trottoirs (quartier de la Goutte d'or à Paris). Avec les nouvelles techniques de la communication, de plus en plus de prostituées indépendantes, occasionnelles, utilisent internet avec un site de rencontre ou en se cachant sous des vocables ambigus (escorting).

La France a ratifié la Convention internationale de décembre 1949 contre l'exploitation de la prostitution d'autrui. Suite aux lois sur le racolage de mars 2003 (2 mois de prison et 3750 euros d'amende), internet est devenu le vecteur essentiel de l'exploitation sexuelle.

Sur les 214 millions de migrants en 2013 pour des raisons économiques, sociales ou pour fuir les conséquences de guerres ou de violences, quelques millions sont des enfants en situation de prostitution.

Est exploiteur sexuel «*celui qui profite d'un certain déséquilibre de pouvoir entre lui et une personne âgée de moins de 18 ans, en vue de l'exploiter sexuellement soit pour un profit soit pour un plaisir personnel*» (Congrès mondial de Stockholm,1996). Selon un rapport de 2012 de la Fondation Scelles sur l'exploitation sexuelle dans 66 pays, 40 à 42 millions de personnes se prostituent dans le Monde (1 à 2 millions en Europe Occidentale). 80% sont des femmes ou des filles et 75% ont entre 13 et 25 ans. 9 sur 10 dépendent d'un proxénète. Selon l'Office des Nations Unies, en 2009 sur 3 millions de victimes du trafic humain, 79% étaient envoyées à la prostitution, 18% au travail.

En France une trentaine de réseaux aux mains de la grande criminalité mafieuse sont démantelés chaque année, les victimes venant d'Afrique, d'Amérique du Sud, des Balkans et de la Chine. Achetées à bas prix, prostituées (à la cadence de 10 à 15 passes par jour), sous des pressions physiques (tortures) ou économiques dans des «maisons de dressage», elles rapportent chacune plus de 150.000 euros par an. Selon l'office central pour la répression de la traite des êtres humains (OCRTEH), en 2012 il y aurait en France 18.000 à 20.000 prostituées (40.000 en Allemagne) dont 91% étrangères, pourvues de vrais faux papiers, et 4000 à 8000 mineures. La prostitution de rue compterait des maisons particulières : les lupanars, légaux en Australie et au Nevada. Selon l'OCRTEH une prostituée rapporte à son «protecteur» 300 à 800 euros par jour, dont 50 pour elle. Le chiffre d'affaires annuel en France serait de 2 à 3 milliards d'euros (30 milliards en Europe).

Les pays où la prostitution génère le plus de revenus sont la Chine (73 milliards d'euros), l'Espagne (26,5), le Japon (34), puis l'Allemagne, les États-Unis, la Corée du Sud, l'Inde... Les pays les plus touchés par le tourisme sexuel sont les pays du sud (Afrique, Amérique latine) et l'Asie (Philippines, Thaïlande, Malaisie...) où le commerce du sexe représente de 2 à 14% du PIB. 10% des touristes choisissent leur lieu de déplacement en fonction de l'offre sexuelle.

D'une enquête sur la prostitution des mineurs à Ouagadougou en 2014, il est constaté que les types d'exploitation sexuelle des enfants sont l'abus sexuel (35%), le trafic d'enfants (35%), le mariage forcé (20%), la prostitution (10%). Parmi les prostituées, une sur 4 a été violée avant de se prostituer et trois sur 10 ont eu des grossesses non désirées. 8 sur 10 ont quitté leur famille avant l'âge de 12 ans. Les intermédiaires, officiant dans des restaurants/bars, perçoivent de 1000 à 3000 FCFA par passe. Au Kenya une relation sexuelle avec une fille de moins de 16 ans coûte de 20 à 60 euros (mais un ouvrier kenyan ne gagne que 4 euros par jour).

En Amérique latine 65% des enfants des rues, soit 40 millions, se prostituent de façon régulière ou occasionnelle.

Selon le Conseil de l'Europe, 50% des victimes de la traite en Europe de l'Est sont des mineures ou mineurs.

En France, selon l'Association contre la prostitution des enfants (ACPE) 5000 à 8000 enfants des collèges pratiqueraient dans les toilettes une prostitution occasionnelle (fellation, sodomie) contre un cadeau. Des «boys lovers» mettent leur copine à la disposition d'amis pour quelques euros. Selon la brigade de protection des mineurs (BPM), ce chiffre serait très surestimé.

En revanche, sur les 12.768 viols commis en France en 2014 (33 chaque jour), 5725 à 936 ont été répertoriés sur des mineures ou mineurs. La pornographie précède souvent la prostitution. En France, 2500 «escort boys» dont 2/3 à Paris, travaillent avec internet dans des conditions de sécurité et de confort. A 150 euros de l'heure, ils peuvent gagner 5000 à 10.000 euros par mois. La plupart se prostituent pour l'argent (85,6%) ou des cadeaux (20,1%), des services (16,9%), de la drogue (7,2%) ou de l'argent pour de la drogue (4,8%). La prostitution masculine est en augmentation (au Royaume-Uni 5000 prostitués en 2010, 15.000 en 2015). Trois millions de victimes (enfants pauvres, déscolarisés, marginalisés, parfois kidnappés) fournissent des réseaux en nombre croissant avec les facilités d'Internet. 1/3 des internautes de 9 à 19 ans serait sollicité pour des relations sexuelles. Les revenus de la pornographie aux États-Unis (89% de la production mondiale) sont de plus de 10 milliards par an (97 milliards dans le monde).

LE MARCHÉ DES SUPERSTARS

Le star system, né aux USA dans les années 1910, s'étend à de nombreux domaines autres qu'artistiques et sportifs, tel le management. La personne est rémunérée plus pour les profits qu'elle génère par une médiatisation générale que pour son travail. Jusqu'en 1948 (loi antitrust séparant production et distribution), dans le Studio System, la vedette hollywoodienne sous contrat était la propriété de l'entreprise qui l'utilisait pour ce qu'elle voulait, pouvant même la prêter à une autre entreprise. Les «majors» gardent encore aujourd'hui le contrôle, par exemple en arrivant à payer, selon Hollywood Reporter, 25 millions d'euros Léonardo Caprio pour le film «Le loup de Wall Street». Pour donner la réplique à George Clooney dans une réclame, l'acteur Jean Dujardin aurait touché 1,5 million d'euros.

L'achat par des fonds d'investissement non pas de personnes physiques, mais de droits économiques liés à la personne, concernant des vedettes, notamment sportives, est en plein essor en Europe et en Amérique du Sud. L'arrêt Bosman (Cour de Justice Européenne, 15 décembre 1995), avait posé le principe de la libre circulation des joueurs en Europe et ouvert le développement d'une économie hautement spéculative, basée sur la valorisation comptable de l'être humain. Ce TPO (third party owneship) interdit en France, rend des entreprises propriétaires de joueurs. Les transferts de joueurs entre clubs deviennent un trafic organisé, avec ses filières douteuses, sources de profits. Maradona en 1984 avait été transféré pour 6 millions d'euros, Z. Zidane en 2001 pour 81 millions, Anthony Martial 80 millions d'euros, C. Ronaldo et G. Bale pour 100 millions, le footballeur

Pogba pour 120 millions dont 20% pour lui et son agent. Entre achat de jeunes joueurs prometteurs puis revente (sans leur accord), l'AS Monaco aurait encaissé en 2015, 216 millions d'euros en transferts contre 76 en achats. En outre la productivité du joueur est exprimée dans tout ce qu'il fait vendre (droits à l'image, articles dérivés divers, publicité...).

Dans l'économie des superstars, une petite différence de talent peut entraîner des écarts énormes de rémunération et une concentration importante de richesse. Le numéro 1 mondial du tennis Noivak Djokovic a touché en une saison 21, 59 millions de dollars de revenus.

La concurrence entre clubs pour acquérir les meilleurs joueurs fait monter les enchères et les salaires qui peuvent atteindre 10 à 20 millions d'euros annuels, sans compter les primes. Le marché global du sport (vente de billets, sponsoring, droits de diffusion, vente de produits sous licence) est estimé à 113 milliards d'euros en 2013. Le marché du football en 2013 a été de 11,6 milliards d'euros. Les droits de retransmission télévisée du football français ont été de 748 millions d'euros pour la saison 2016.

L'ESCLAVAGE AU TRAVAIL

A l'origine utilisation de prisonniers de guerre non exécutés, mais privés de liberté, l'esclavage domestique est très communément pratiqué dans l'Antiquité comme main-d'œuvre pour toutes sortes de travaux (au 2ème siècle, à Rome 400.000 esclaves pour 20.000 citoyens ; 1/3 de la population italienne est composé d'esclaves). Sous l'influence du christianisme et avec la féodalité, au Moyen Age, l'esclavage en Occident évolue en servage. La traite orientale alimente alors en esclaves noirs les marchés musulmans, par voie terrestre (transsaharienne) ou maritime (mer Rouge, océan Indien). Du VIIème au XXème siècle, la traite orientale arabo-musulmane aurait fait de 17 à 25 millions de victimes. Avec la découverte du Nouveau Monde et la nécessité d'une main-d'œuvre pour les grandes exploitations de coton, de tabac et surtout de canne à sucre (dès 1513), et avec la colonisation, la traite des noirs et leur déportation par «cargaisons» dans les cales des navires négriers, prennent une grande ampleur. La faible espérance de vie des esclaves est compensée par l'achat de plus grandes quantités de noirs.

Un commerce triangulaire, dont des millions de Noirs, coupés de leurs racines, sont victimes, s'instaure alors entre l'Europe, l'Afrique et les Amériques (traite atlantique :11 millions de victimes). Du 17ème au 19ème siècle, le Portugal et l'Espagne envoient des esclaves noirs en Amérique Centrale, Amérique du sud et aux Caraïbes. Au 18ème siècle, ce sont surtout les Britanniques, les Français et les Néerlandais qui pratiquent la traite négrière, mais alors que ces nations vont arrêter cette activité, le Portugal et l'Espagne vont la poursuivre. Bien qu'interdit par le Congrès de Vienne

(1815), l'esclavage ne sera, en fait, définitivement aboli que bien plus tard (en France en 1848, aux États-Unis en 1863). Selon la Société des Nations (1926) «L'esclavage est l'état ou la condition d'un individu sur lequel s'exercent les attributs du droit de propriété ou de certains d'entre eux».

Après des siècles de combats contre l'esclavage, selon l'organisation Free Slaves il y a toujours plus de 27 millions d'esclaves dans le Monde dont 24 en Asie et selon l'ONG Walk Free (2014), il y a 36 millions d'esclaves dans 67 pays dont 5 (Inde : 14,3 millions ; Chine : 3,2 millions ; Pakistan : 2,1 millions) ; Ouzbékistan : 1,2 million ; Russie : 1,1 million) en utilisent les 2/3. Dans quelques pays subsiste encore aujourd'hui l'esclavage traditionnel, des personnes étant asservies par ascendance, ne pouvant se marier qu'en fonction des besoins du maître au service duquel elles sont dépendantes jusqu'à la mort . C'est le cas par exemple de la Mauritanie, qui a la plus forte proportion d'esclaves dans la population : 4% (bien que l'esclavage y ait été aboli en 1981, mais qui a conservé un système de castes), mais aussi du Niger, Soudan, certains pays du Golfe persique. En Mauritanie où il y a 150.000 esclaves pour 3,8 millions d'habitants, les «Maures noirs», descendants des noirs asservis par les Berbères, continuent héréditairement à servir les «Maures blancs ». L'UNICEF (Fonds des nations unies pour la protection de l'enfance) estime à plusieurs centaines de millions les hommes, femmes, enfants exploités pour leur travail, la traite d'êtres humains étant la troisième activité criminelle la plus lucrative après le trafic de la drogue et celui des armes. Selon Novaya Gazeta, il existe en Russie un véritable marché d'esclaves, recrutés à partir de provinciaux venant à Moscou chercher du travail.

Devenue depuis la chute de Kadhafi (2011) espace de transit pour l'immigration clandestine, la Lybie permet à des passeurs conduisant à travers le Sahara des migrants venus du Mali, du Sénégal, du Ghana ou du Niger, de mettre en place un trafic d'êtres humains générant 250 à 300 millions d'euros annuels (165 euros par personne). Arrivés au littoral, à Tripoli ou Misrata, la plupart doivent travailler pendant des mois comme esclaves pour payer leur place dans des canots jusqu'en Europe, au risque de périr noyés (plus de 10.000 morts en Méditerranée depuis 2014).

Selon l'Organisation internationale du travail (OIT) des millions d'individus sont soumis au travail forcé dans le Monde (travail exécuté sous la menace d'une peine et contre la volonté de la personne), 880.000 en Europe sont *«recrutés, transportés, transférés, hébergés ou accueillis aux fins d'exploitation, à l'intérieur ou à l'extérieur d'un pays»*. 68 à 215 millions d'enfants âgés de 5 à 17 ans travaillent, dont 53 à 85 millions de moins de 15 ans qui font un travail dangereux. Souvent séquestrés, achetés puis revendus, ils doivent travailler sous la menace de coercition, sans salaire ou pour une rémunération minime qui leur est reprise sous prétexte de dette de remboursement. Ils travaillent dans les champs (98 millions), dans les services comme travailleurs domestiques (54 millions), dans les usines (12 millions). D'après le Bureau international du travail (BIT), le travail forcé le plus fréquent dans tous les pays est celui des employés de maison.

Sur de gros chantiers actuels au Moyen-Orient les conditions de travail et d'hébergement des émigrés asiatiques, employés pour des rémunérations dérisoires, sont celles d'un semi-esclavage. L'Asie du Sud-Est et le Pacifique sont les pays où sévit le plus l'esclavage des enfants (59 millions), puis l'Amérique latine et les Caraïbes (13 millions) et le Moyen-Orient, l'Afrique du Nord (9,2 millions). Au Pakistan, au Népal, en Inde des milliers d'enfants travaillent, de 6 heures à minuit, à la fabrication de tapis pour aider leur famille à survivre.

Dans les mines du Brésil, du Congo, de l'Inde, des milliers de personnes dont des enfants travaillent dans des situations d'esclaves, dénoncées par l'association Free the Slaves qui s'efforce d'en replacer dans des conditions de vie normale. Avec l'aide de fonctionnaires et de médecins corrompus, les réseaux de traite ne cessent de s'agrandir et de se multiplier, les camps de réfugiés fournissant un important vivier. Déjà en 2000 les médias ont révélé qu'aux États-Unis, les fournisseurs d'articles de sport font fabriquer les chaussures et textiles en Indonésie, par des ouvrières payées à très bas prix, permettant de vendre 50 fois ce prix.

La délocalisation et le chantage au travail permettent d'asservir les plus pauvres pour maximiser les profits. En Europe des ateliers clandestins maintiennent, papiers confisqués, des émigrés en situation d'esclavage, même s'ils ont des contrats apparemment conformes au Code du travail. Le servage pour dettes est largement pratiqué.

La Chambre des députés en Italie vient d'adopter une loi contre le trafic de 300.000 à 400.000 travailleurs agricoles, en majorité immigrés africains, employés surtout en Calabre, Sicile et Campanie pour la récolte des fruits et légumes, recrutés par des intermédiaires illicites et payés 3 euros de l'heure pour des journées de 8 à 10 h.

L'article L.8211-1 du Code du travail donne la liste des infractions : travail dissimulé, emploi non déclaré, introduction illicite de main-d'œuvre étrangère, cumul d'emplois, etc., permettant des abus de traitement (rémunérations inférieures au smic, dépassement des durées quotidiennes et hebdomadaires de travail, non-respect des règles de sécurité).

Selon la directive européenne d'octobre 1999, «*tout travailleur qui, pour une période limitée, exerce un travail sur le territoire d'un Etat autre que l'Etat sur le territoire duquel il travaille habituellement, est considéré comme travailleur détaché*», bénéficiant des conditions de travail et de salaire du territoire qui l'emploie, alors que les charges sociales sont celles du pays d'origine. De ce fait, non seulement une entreprise française peut avoir intérêt à employer des travailleurs détachés (un ouvrier du BTP étranger revient 30% moins cher que son homologue français), mais elle peut aussi pour ce faire, avoir recours à des sous-traitants, ce qui permet de masquer des abus. Un Polonais travaillant en France pour 5 euros de l'heure peut avoir été recruté par une agence d'intérim à Chypre, enregistrée en Irlande. Le nombre de salariés détachés employés par une cascade de sous-traitants est estimé à 500.000 (clandestins compris), officiellement selon La Commission nationale de lutte contre le travail illégal, 286.025 en 2015.

En 2014 le Parlement européen a déclaré responsables solidaires les donneurs d'ordre et les sous-traitants, mais faute de contrôles suffisants (2000 interventions de l'Inspection du travail en 2016), la législation est aisément détournée.

Le travail dissimulé (travail au noir) peut être le seul moyen de travail proposé. Aux USA des clandestins survivent ainsi jour après jour, avec des boulots occasionnels pour 50 à 80 euros. En France, suite à diverses mesures fiscales et législatives, le travail au noir est reparti à la hausse, les employeurs, notamment les particuliers, ne déclarant plus l'embauche ou l'emploi, bien que risquant 3 années d'emprisonnement et 45.000 euros d'amende. Les secteurs les plus concernés sont le BTP, la restauration, le jardinage, les aides à domicile. L'employé, juridiquement victime, ne bénéficie d'aucune protection sociale. En 2014 en France, 7149 contrôles ont rapporté 401 millions d'euros d'amende.

Le travail au noir aggrave le déficit de la sécurité sociale, fausse la concurrence entre entreprises, supprime des droits des travailleurs. Selon le Conseil économique, social, environnemental (Cese), l'économie souterraine représente en France 10,8 % du PIB et selon l'URSSAF, 7% des entreprises la pratiquent. Selon la Cour des comptes, les fraudes aux cotisations sociales représentent 1% du PIB en 2012.

Plus de 250.000 enfants (dont 40% de filles) sont exploités comme soldats dans une trentaine de zones de conflit, notamment en Afrique (1/3). «Volontaires» pour survivre et se venger, ou enlevés, ils sont enrôlés (parfois à 7 ans), endoctrinés, formés au maniement des armes pour espionner, tuer ou servir de kamikazes, le plus souvent dans des guerres civiles ou pour la conquête d'un territoire. L'absorption d'une amphétamine : la fénéthylline, encore nommée captagon ou pilule d'Allah, les rend résistants à la fatigue et par la libération d'un neurotransmetteur : la noradrénaline, augmente leur vigilance, tout en leur procurant un sentiment d'euphorie intense.

TROISIÈME PARTIE

DÉCLARATIONS ET RÉGLEMENTATIONS

La commercialisation du corps humain est une atteinte à la liberté, à la dignité, au respect de l'être humain et à la justice. Nombreuses sont les déclarations qui le proclament et nombreuses sont les réglementations internationales et nationales qui tentent de l'encadrer. Mais la pauvreté élimine la liberté, la faim écrase la dignité, la violence exclut le respect.

Un alinéa de l'article premier de la Constitution de la République française précise que «*La République garantit le respect des grands principes applicables à la protection de la dignité humaine au premier rang desquels on compte la protection du corps humain et l'impossibilité d'en faire, lui ou les produits qui en sont dérivés, l'objet de transactions financières ou non*». Tout commerce avec des produits du corps humain est donc illégal.

Selon l'article 16-6 du Code civil, «*Aucune rémunération ne peut être allouée à celui qui se prête à une expérimentation sur sa personne, au prélèvement des éléments de son corps ou à la collecte du produit de celui-ci*». L'article 16-3 de 1994, modifié en juillet 1999, indique qu' «*il ne peut être porté atteinte à l'intégrité du corps humain qu'en cas de nécessité médicale pour la personne, et à titre exceptionnel dans l'intérêt thérapeutique d'autrui*». Ce principe est assoupli dans la loi de bioéthique d'août 2004 qui autorise le don des produits et éléments corporels. Ce don est encadré par les principes du consentement libre et éclairé de la personne donneuse, de l'anonymat, de la gratuité, de l'interdiction de publicité du don, de l'obligation d'une répartition équitable des greffons entre les malades en attente sur une liste gérée par l'Agence de biomédecine. Ne peuvent être donneurs vivants que des membres (proches) de la famille (loi de 2004 assouplissant la loi de 1994). Sur donneur décédé, les prélèvements doivent être faits après constat de mort bien établie selon les directives de la déclaration de Sydney. En France on présume que la personne décédée consent au prélèvement de ses organes, si elle n'en a pas exprimé le refus.

Dans tous les cas les opérations de prélèvements (à des fins thérapeutiques ou scientifiques) sont effectuées dans des établissements hospitaliers autorisés par le Directeur de l'Agence régionale de l'Hospitalisation, après avis du directeur de l'Agence de biomédecine (loi de bioéthique d'août 2004). L'état sanitaire des greffons (tumeurs, agents infectieux, contamination) est vérifié.

En France, de 2004 à 2007 il y a eu 841 donneurs vivants (potentiels) d'organes et depuis, ce nombre est allé en diminuant. La demande d'organes étant bien plus grande que l'offre, dans de nombreux pays les donneurs vivants sont rémunérés soit en violation de toute légalité soit dans des conditions plus ou moins tolérées par une législation locale, laxiste. Le marché parallèle des organes permet une survie des pauvres dans les pays pourvoyeurs (en Inde 71% des donneurs de rein vivent sous le seuil de pauvreté et 96% le font pour rembourser des dettes qui ne finissent jamais), et apporte une solution rapide et plus économique aux riches des pays où le système de santé ne répond plus à la demande réparatrice ou esthétique. Confronté à l'embargo, l'Iran verse à des donneurs d'organes une prime (de l'ordre de 1200 dollars) s'ajoutant à la rémunération payée par le receveur.

Les prélèvements tissulaires (cornée, vaisseaux sanguins, os, valvules cardiaques...) doivent être effectués dans les mêmes conditions (consentement libre et éclairé, exprimé par écrit ou devant un magistrat désigné par le président du tribunal de grande instance ; anonymat, gratuité) que celles des organes pour les transplantations (prise de position de l'Assemblée générale de l'Autorisation de Mise sur le Marché de Durban, octobre 2014).

Pour le prélèvement des cellules hématopoïétiques issues du sang placentaire, le consentement explicite des donneuses n'est pas nécessaire (en 2008, 7022 greffons de sang ombilical étaient stockés en France).

L'AMM demande aux chirurgiens de «*s'abstenir de transplanter des organes qu'ils savent ou suspectent de ne pas avoir été obtenus d'une manière légale et éthique*». La transplantation illégale d'organes est tellement rentable vu la pénurie, des professionnels sont si cupides, la violence est si grande, la pauvreté si banalisée, le souci de soi sans limites, que les questions d'éthique ne pèsent guère pour endiguer la généralisation de prélèvements subis par des contraintes physiques ou morales, d'autant mieux que des normes mondiales ne sont pas encore en vigueur. Les flux massifs de migrants vers l'Europe (800.000 demandes d'asile en Allemagne en 2015) fournissent aux trafiquants en tous genres et aux intérêts conflictuels, un matériau humain abondant, disponible sur place et à bon marché.

L'AMM recommande d'élaborer «*des politiques et des protocoles encourageant l'obtention d'organes dans le respect des principes d'éthique* ». Pratiquement, comment assurer la mise à disposition de ressources suffisantes? Comment moraliser l'exercice universel de la médecine, alors que les inégalités se creusent entre pays et dans un même pays. En 2015 une Conférence internationale à Saint-Jacques-de-Compostelle (Espagne) a réuni des experts du Comité d'experts sur le trafic des organes, tissus et cellules humaines (PC-TO) et du Comité d'éthique (DH-Bio) pour élaborer une directive juridique de lutte contre ces trafics.

Les inégalités économiques

Bien que dans le monde, globalement la pauvreté ait été réduite au cours des trente dernières années (70% de pauvres en 1981 contre 33% en 2011), alors que la population passait de 4,5 à 7 milliards, selon un rapport de 2014 du PNUD (Programme des Nations Unies pour le développement), il y a 1,2 milliard d'humains dans 91 pays qui vivent avec moins de 1,25 dollar par jour. 1,5 milliard est en situation de pauvreté, *«marquée par des carences cumulées en matière de santé, d'éducation et de niveau de vie»*.

Selon la Banque Mondiale, la pauvreté extrême a reculé depuis 2012 de 902 à 702 millions, mais elle touche encore 9,6% de la population mondiale. Selon un rapport de l'OCDE (mai 2015), l'inégalité des revenus et des richesses ne cesse de croître dans de nombreux pays, depuis 1980, accélérée par les crises financières et les nouvelles technologies. Certains pays (Chine, Allemagne...) accumulent des excédents de 3 à 8% du PIB, alors que d'autres accumulent les déficits (États-Unis, France...). Les inégalités économiques entre nations ou nationales peuvent être évaluées monétairement. Les revenus des 10% les plus riches sont 9,6 fois plus grands que ceux des plus pauvres (7,8 en 1980). Les 85 personnes les plus riches ont autant que les 3,5 milliards les moins riches. L'ONG Oxfam indique qu'en 2016 les 1% de plus riches ont plus que 50% de la richesse mondiale. Les pays pauvres (en gros les pays du sud), qui représentent 80% de la population, disposent de 20% des richesses et les trente pays les plus riches, avec 20% de la population, ont 80%

des richesses, avec des firmes multinationales disposant de capitaux pour investir dans les nouvelles technologies et dans la recherche scientifique (7,4 chercheurs pour 1000 habitants aux USA).

Dans tous les pays riches, l'inégalité entre les pauvres et les riches s'accroît, avec l'apparition des «travailleurs pauvres» et la disparition d'une classe moyenne. Ainsi en Allemagne, la part des hauts revenus (plus du double du revenu médian, de 1600 euros) a progressé de 13,9 à 17,2% quand celle des bas revenus a augmenté de 29,7 à 34,7%. Le taux de pauvreté y est passé de 23,1 à 30,8% en 10 ans.

Selon un rapport du centre d'études High Pay Center, en 2014, en Grande-Bretagne, un directeur de société gagne 183 fois le salaire moyen d'un salarié de base. Selon M. Rabreau (2015) les salariés allemands gagnent en moyenne 5,6% de plus que les travailleurs français, du fait du taux plus faible des cotisations sociales payées par les employeurs. Sont considérés comme pauvres (moins de la moitié du salaire médian) 8,6 % des travailleurs allemands contre 8,9 en Europe, 8% en France.

En 2014, 6 millions de personnes vivaient en France des minima sociaux (minimum vieillesse, RSA, allocations pour handicapés), soit 10% de la population. Le taux de pauvreté des enfants de 25,5% en Roumanie est de 4,7% en Finlande (moins de 4% en France), et 3,5 millions d'enfants dans le monde meurent chaque année de malnutrition ou de faim, causes de 11% des maladies. Bien qu'en Chine (première puissance économique mondiale) les salaires aient augmenté de 30% depuis 2012, seulement 60 millions de Chinois sur 1,5 milliard ont des actifs financiers.

Ces quelques chiffres expliquent le succès des marchés illicites d'organes, de tissus ou de cellules, en demande croissante, mais aussi l'extrême violence, source de conflits, qui paraît ne pouvoir aller qu'en s'amplifiant. Les tsunamis de migrants des pays déstabilisés d'Orient, d'Afrique et de l'Est, en partie vers l'eldorado européen (plus 1,5 million de demandeurs d'asile en 2015) fournissent un matériau humain abondant, disponible sur place, peu coûteux et terrorisé par la brutalité des passeurs, docile aux trafiquants alimentant les réseaux de toutes sortes, avec la complicité de banques pour le blanchiment d'argent. Selon le protocole du 12 août 2010 de l'ONU, il y a traite «*si les auteurs de l'infraction attirent et soumettent les victimes par la violence, la tromperie ou la contrainte et obtiennent des gains partant d'eux, d'une manière ou d'une autre*». Il y a trafic si les personnes, migrantes via un agent de transfert rémunéré (passeur) sont consentantes. Dans les deux cas, des trafiquants font le lien entre des miséreux de pays pauvres, désireux de fuir et des privilégiés de pays nantis. Que signifie consentement pour l'individu affamé qui vend son rein pour survivre encore un peu temps? Quelle différence pour lui entre traite et trafic ?

Les législations internationales ou nationales d'interdiction de commercialisation du corps ou d'éléments du corps sont sans effet sur la faim et l'extrême dénuement. Les produits issus de corps humains sont de nouveaux marchés d'exploitation où les femmes particulièrement, sont à la fois objets d'appropriation et sujets bénéficiaires (procréation médicalement assistée).

Les inégalités des soins de santé

Un rapport de l'OMS de 2008 dénonce les «*inégalités criantes*» dans le domaine de l'accès aux soins. L'espérance de vie à la naissance, de 83,7 ans à Hongkong, 83,3 au Japon, 82,8 en Italie, 81,8 en France, n'est que de 49,2 au Swaziland. Bien que l'espérance de vie ait globalement augmenté et que la mortalité infantile ait été réduite, les différences d'espérance de vie entre les pays les plus pauvres (45 ans) et les plus riches (80 ans) dépassent 30 ans. Les dépenses annuelles par individu pour sa santé vont de 18 à 5400 euros. Plus de 10 millions d'enfants meurent dans le Monde, la plupart de maladies infectieuses ou parasitaires, faute de pouvoir acheter les médicaments nécessaires.

Selon le rapport de Porto Allègre, 72% de la population vit dans les pays en développement qui n'utilisent que 7% des médicaments dans le Monde. Une personne sur trois n'a pas accès à la vaccination. Depuis 1974 le coût des vaccins a été multiplié par 68. Première cause de mortalité chez les enfants, la pneumonie est pourtant évitable par la vaccination.

Médecins sans frontières met en cause des laboratoires producteurs de ce vaccin, sur l'opacité des prix et la non-possibilité d'accès de 75% des enfants, malgré les 26 milliards de dollars de vente. L'Angola, qui a consacré en 2012 2,2 millions de dollars pour financer de nouveaux vaccins, devrait en dépenser 34,45 pour la même politique vaccinale en 2018.

95% des personnes atteintes du SIDA (42 millions dont 2,5 millions d'enfants) vivent dans les pays pauvres. Dans ces pays dont les déficits sanitaires sont pourtant considérables, l'émigration du personnel de santé (brain drain médical, qui existe aussi pour d'autres professions qualifiées), vers des pays d'accueil où les rémunérations sont meilleures, accroît encore plus la misère médicale.

Sur un décompte de 750.000 médecins aux USA 188.000 sont d'origine étrangère. Selon le rapport annuel 2013 sur les statistiques sanitaires mondiales, il y aurait 3000 médecins pour 100.000 habitants aux USA contre 1311 au Swaziland. En fait, on admet dans les pays riches les chiffres de 200 médecins pour 100.000 habitants contre 20 dans les pays pauvres. Cuba pratique avec des États (Venezuela, Brésil) un troc de médecins contre certains produits, dont le pétrole.

Un tiers des habitants dans le Monde ne peut avoir accès aux médicaments, dont les antibiotiques. Pourtant l'Inde est un gros fabricant de génériques. 80% des malades soignés pour le SIDA le sont avec des produits fabriqués en Inde pour 100 euros par an, par personne, contre 7700 euros avec les produits princeps. Douze semaines de traitement contre l'hépatite C avec l'antiviral Sofosbuvir coûtent 60.000 euros, alors qu'avec le générique le prix ne serait que de 100. L'Inde a obtenu l'autorisation de produire le générique du Nexavar (tosylate de sorafénib) contre le cancer du foie, pour un traitement mensuel de 133 euros, au lieu de 4300 avec l'original Bayer. Au nom de la défense de la propriété intellectuelle et du soutien à la recherche de nouveaux produits, Novartis a mis en procès l'Inde pour non-reconnaissance de la brevetabilité du Glivec (mesylate d'imatinib antileucémique) dont le traitement revient à 30.000 euros par an et par personne, au lieu de 24000 avec le générique. Novartis a lancé un plan d'aide de traitement gratuit pour 17.000 personnes, mais il y a 30.000 malades. Par contre, dans les pays émergents, des chaînes hospitalières sont en plein développement, offrant à moindre prix, à leurs clients solvables, des soins médicaux et chirurgicaux de qualité dans un confort hôtelier.

Dans une même ville, comme Nairobi, la mortalité des enfants de moins de 5 ans est inférieure à 15 pour 1000 dans certains quartiers, alors qu'elle dépasse 254 dans les taudis (manque d'accès à l'eau propre, malnutrition...). En France même, l'augmentation de l'espérance de vie est plus forte (7 ans) chez les cadres et les fonctions libérales que chez les employés et les ouvriers.

Pourtant la plus grande partie de la population y est protégée par le remboursement partiel ou total des dépenses de santé par la Sécurité sociale (depuis 1945) ou la CMU (depuis 2000). La qualité des soins varie selon les hôpitaux et les cliniques. Selon le professeur C. Mariette, de 2010 à 2012, en chirurgie digestive, la mort au bout de trois mois touche 11,9% des opérés dans des centres effectuant moins de 20 opérations par an, contre 3,2% pour ceux qui sont opérés dans des centres faisant plus de 60 interventions par an. Même observation de A. Bernard pour la mortalité d'opérés de cancers thoraciques. Or, 20% des établissements n'observent pas pour la prise en charge la réglementation du minimum d'opérations.

Dans les pays développés s'installe une médecine à deux vitesses. Alors que les traitements médicaux de pointe reviennent de plus en plus chers, les inégalités selon les ressources, s'ajoutant à la répartition très inégale des médecins sur le territoire (migration du milieu rural vers le milieu urbain, par souhait de certaines conditions de vie ; perte en France de 1712 médecins libéraux depuis 2013 ; seulement 800 maisons de santé opérationnelles), creusent toujours davantage les difficultés d'accès aux soins pour une partie de la population. Par exemple, la commercialisation du solvadi mis au point par une start-up américaine, efficace à 90% pour le traitement de l'hépatite C, a été rachetée 11 milliards de dollars par un grand laboratoire. Pour amortir cet investissement, ce dernier vend le produit 56.000 euros pour un traitement de 12 semaines, alors que le prix à la production lui coûte 74 euros. De même, le traitement par l'Ilaris pour une maladie génétique rare (le syndrome de Muckle-Wells) coûte 77.649 euros par an. Lancé en 2015 l'anticholestérol Praluent est vendu 14.000 euros pour un traitement d'un an. Le traitement par l'anticoagulant Remodulin coûte 125.000 euros par an. Plus efficaces que les statines contre le cholestérol, les anti-PCSK9 coûtent 100 fois plus chers. Déjà l'anticholestérol Tahor a rapporté depuis 1997, 130 milliards de dollars.

La leucémie myéloïde chronique (production excessive de globules blancs par des cellules souches cancéreuses de la moelle osseuse) semble pouvoir être guérie par l'association d'un médicament contre le diabète de type 2 (la pioglitazone) avec le traitement de référence (des inhibiteurs de l'activité tyrosine-kinase), mais le coût est élevé (plus de 2000 euros par mois). L'anticancéreux Avastin (30 à 50 euros l'injection) peut être utilisé pour traiter la DMLA (dégénérescence maculaire), en remplacement du Lucentis qui coûte de 30 à 50 fois plus cher. Cette substitution ne fait pas l'affaire de Roche qui a déposé un recours au Conseil d'Etat contre l'arrêté de remboursement de l'Avastin. D'une façon générale, les médicaments anticancéreux (dont la vente dépasse 100 milliards d'euros) sont de plus en plus chers (50.000 euros pour un traitement annuel). Aux USA, où les prix des médicaments sont fixés par les seuls industriels, le prix du stylo EpiPen injecteur d'adrénaline, des laboratoires Mylan, utilisé contre les violentes réactions allergiques, est passé de 57 dollars en 2007 à 608 dollars la paire en

2016, une loi de 2013 ayant autorisé les écoles à détenir par précaution des stocks d'adrénaline injectable.

Alors que les coûts de la santé ne cessent d'augmenter, les listes de médicaments non remboursables ne cessent de s'allonger. Seuls les plus aisés pourront se les payer. D'un autre côté, la vente de faux médicaments (sans molécule active ou surdosés, ou avec des produits toxiques) produits dans des laboratoires clandestins fait des milliers de morts. En Afrique, vendues dans la rue, les contrefaçons atteignent 60%-80%, 30% en Amérique latine, ce trafic rapportant 10 fois plus que celui de la drogue. La Convention Médicrime de 2010, signée par 31 pays (pas la France), tente de pénaliser la fabrication et la vente de faux produits médicaux, qui se fait aussi sur Internet.

Dans les pays développés, les conditions de travail deviennent de plus en plus stressantes, la règle générale des entreprises étant d'améliorer constamment leurs performances. Dans le surinvestissement obligatoire au travail, dans la crainte permanente d'être remplacé par un logiciel ou un robot, pour maintenir leur train de vie (ce qui les rend assez vulnérables pour être asservis), 17 à 24% des cadres sont atteints du syndrome d'épuisement professionnel (burn-out qui sera selon l'OMS, la première cause de morbidité dans le monde en 2020). En France, 3 millions de personnes sont diagnostiquées de syndrome d'épuisement professionnel, surtout des cadres surinvestis dans leur vie professionnelle. Avec ce nouveau type d'esclavage où chaque personne est réduite par son employeur (souvent une personnalité abstraite), à l'état de meuble interchangeable et jetable, on est encore loin d'une bio-économie qui serait un modèle de bien-être particulier et général.

D'une étude britannique sur 600.000 personnes pendant 7 à 8 ans, il ressort que ceux qui travaillent plus de 55 heures par semaine ont un risque accru d'AVC de 33% (6 AVC pour 1000 personnes) par rapport à ceux qui ne font que 35 heures (4 AVC pour 1000). Il y a 33.000 morts par AVC par an en France.

En réalité, le capitalisme régnant, mondial sait rendre «consentants», satisfaits, les «*biocitoyens*» de Céline Lafontaine, des «volontaires» de leur propre destruction, dans un esclavage accepté, masqué par un individualisme forcené. Alors qu'avec la révolution industrielle la contrainte pour le travailleur venait de l'extérieur, avec la révolution technologique c'est le consommateur lui-même qui se l'inflige. De plus, le capitalisme moderne sait rendre les individus, clients des moyens qu'il leur vend pour capter leur temps, afin de ne pas leur laisser le temps de penser, ce qui assure à d'autres le pouvoir de penser en leur nom (Cynthia Fleury).

SUR LE MARCHÉ DU CORPS VIVANT

Le droit privé français repose sur la distinction entre chose (instruments d'usage, instruments de production) et personne. Tout être humain vivant est une personne et tout enfant né vivant est sujet de droit. Le corps ne peut faire l'objet de conventions dans la circulation des biens.

Dans la Rome antique, l'esclave est chose de son maître (qui peut l'exploiter, le punir, le vendre, le tuer), mais il est aussi personne (responsable, «objet de droit sans droits»). En 1685, puis 1687, Le Code noir français est un recueil d'édits, de déclarations et d'arrêts qui énonce les mesures à appliquer aux esclaves dans les îles françaises, pour mieux résister à la concurrence de l'Angleterre, de l'Espagne et du Portugal. L'article 44 maintient que «*les esclaves sont des meubles*», mais «*non dénués de personnalité juridique*» (ils peuvent se marier, témoigner, se plaindre...). Le maître doit les nourrir convenablement (art.22), les vêtir (art.25), les soigner (art.27), les baptiser, mais il peut les battre, les mutiler, les exécuter.

La Déclaration des droits de l'homme et du citoyen de 1789 énonce le principe d'abolition de l'esclavage. Dès 1794 la France reconnaît le crime contre l'humanité appliqué à l'esclavage. La traite des noirs est abolie en 1806 et l'esclavage, définitivement, en 1848.

Le 10 octobre 1948, 58 États ont adopté à Paris la Déclaration universelle des droits de l'homme : Art.1, «*Tous les êtres humains naissent libres et égaux en dignité et en droits. Ils sont doués de raison et de conscience et doivent agir les uns avec les autres dans un esprit de fraternité.* Art.3, *Tout individu a droit à la vie, à la liberté et à la sûreté de sa personne.* Art.4, *Nul ne peut être tenu en esclavage ou en servitude, l'esclavage et la traite des esclaves sont interdits sous toutes leurs formes. Nul ne peut être tenu à accomplir un travail forcé ou obligatoire*».

En 1980 la France a adhéré au Pacte international relatif aux droits civils et politiques qui reconnaît à chacun la personnalité juridique (art.13).

Dans la loi française du 5 août 2013, l'article 212-1 du Code pénal réprime la réduction en esclavage comme crime contre l'humanité (20 ans de prison et 200.000 euros d'amende), l'article 225-4-1 condamne la traite des êtres humains (7 ans de prison et 150.000 euros d'amende), les articles 225-13 et 225-14 dénoncent les conditions de travail, d'hébergement contraires à la dignité humaine et l'absence ou l'insuffisance de rémunération (5 ans de prison, 150.000 euros d'amende), l'article 225-14-1 sanctionne le travail forcé (7 ans de prison, 200.000 euros d'amende).

En raison de l'immunité diplomatique, les diplomates, leur famille, le personnel des ambassades ne peuvent être traités en justice. 20% des personnes aidées par le Comité contre l'esclavage sont issues du monde diplomatique ou des beaux quartiers. Bien que depuis 1930 la Convention 29 du Bureau international du travail (BIT) interdise le travail forcé, il est couramment pratiqué, notamment sous la forme des employés de maison, et même aux États-Unis dans les prisons. Les États-Unis établissent chaque année un classement des pays selon les mesures qu'ils prennent pour lutter contre l'esclavage. En 2015 le rapport épingle en particulier la Russie et la Chine.

Les principes contre la traite sont largement bafoués et la prostitution reste un procédé majeur, universel d'exploitation du corps humain, faisant la fortune colossale de très nombreux réseaux criminels, mafieux. D'après l'OIT, la traite des humains représente 150 milliards de bénéfices par an dont 90 pour l'industrie du sexe. Dans une vingtaine de pays dans le monde, la prostitution est interdite, tous les acteurs étant considérés comme des délinquants. Certains Etats ont organisé la prostitution pour garantir l'ordre public et contrôler l'état sanitaire.

En Allemagne, Grèce, Autriche, Suisse, Australie, Nouvelle-Zélande, la prostitution est un commerce légal, les prostituées majeures et «consentantes» ont des contrats de travail et une couverture sociale.

Les maisons closes ou les vitrines d'Amsterdam (première destination du tourisme sexuel en Europe) sont librement ouvertes, mais avec pour corollaire, un accroissement du proxénétisme et du crime organisé (70% des prostituées d'Amsterdam sont victimes de la traite dans 250 bordels). En Espagne la prostitution, interdite dans la rue, est licite en maisons closes. En Suède la loi de 1999 interdit l'achat de services sexuels, que la prostituée soit mineure ou majeure, libre ou forcée.

En France, le débat est ouvert et la réponse reste ambigüe. N'est condamné que le client de prostituées mineures ou physiquement vulnérables. Depuis 2003 le racolage passif est un délit, les prostituées sont arrêtées, placées en garde à vue. En Amérique latine la prostitution toucherait 40 millions d'enfants des rues, bien qu'au Costa Rica seules les plus de 18 ans aient droit de se prostituer. Aux USA la prostitution est illégale, sauf au Nevada. Finalement dans le système actuel, aucune mesure ne paraît susceptible de restreindre le marché de la prostitution et dans toutes les grandes villes, des lieux sont dévolus à la prostitution.

MANIFESTATIONS DE LA SOLIDARITÉ ENTRE HUMAINS

Pour l'amélioration des conditions de vie d'une partie de la population humaine, depuis les années 1990, se sont multipliées les associations humanitaires nationales et internationales. L'un des buts des Nations Unies est de parvenir à «*la réalisation de la coopération internationale, en résolvant les problèmes internationaux d'ordre économique, social, culturel ou humanitaire*», grâce à l'action d'un Bureau de la coordination des affaires humanitaires (OCHA). Le fonds des Nations Unies pour l'enfance (UNICEF) s'efforce d'aider et de protéger les enfants dans des conditions difficiles. Le programme d'alimentation mondial (PAM) est chargé de la mobilisation pour l'aide alimentaire dans les pays signalés par le système mondial d'information et d'alerte rapide sur l'alimentation et l'agriculture (SMIAR). L'OMS, Organisation mondiale de la Santé, doit diriger l'action sanitaire mondiale, fournir un soutien technique aux pays, et prévenir les épidémies. De multiples associations caritatives, privées, de bénévoles apportent des soutiens locaux, nationaux ou internationaux à de nombreuses personnes en détresse physique et morale, pour les soustraire aux influences pernicieuses et aux trafiquants d'humains.

Le système américain encourage la philanthropie. A l'initiative de Bill Gates (en lutte contre le sida et le paludisme) et Warren Buffett et de leur projet Giving Pledge, 193 milliardaires, sans manquer de le faire savoir, se sont engagés à donner la moitié de leur fortune pour des actions humanitaires, culturelles et caritatives.

Le fondateur de Facebook : M. Zuckerberg et sa compagne P. Chan, vont reverser 41 milliards de dollars d'actifs en dons. En France Danone communities aide à combattre la malnutrition et l'accès à l'eau dans le Monde. Des milliers d'organisations de la société civile (dont 2000 ONG) s'efforcent de rendre équitables les effets de la mondialisation. Les donations aux œuvres de charité en 2014 ont atteint 2% du PIB des États-Unis (360 milliards de dollars).

70% des Américains ont fait en 2013, un don à une œuvre de charité, d'un montant de 3000 dollars en moyenne. Aux États-Unis, comme en France, les donations se font sans payer de droits de succession.

CONCLUSIONS

La globalisation financière et l'évolution rapide des nouvelles technologies (notamment de l'information et de la communication) ont transformé l'économie mondiale en un réseau d'entreprises multinationales, avec des oligopoles de plus en plus concentrés. Leur valeur première étant la maximisation des profits, pour être les plus compétitifs dans une concurrence internationale acharnée, sont appliquées dans tous les secteurs, des délocalisations (notamment de la production) vers des pays pauvres, où la main-d'œuvre est abondante et la moins chère. Pour 150 euros mensuels, un travailleur chinois favorisé travaille 70 heures par semaine, 6 jours sur 7, sans couverture sociale. D'un autre côté, des consommateurs dans les pays riches sont de plus en plus preneurs d'une arrivée continuelle de nouveaux produits, sans s'inquiéter des conditions de leur fabrication. Depuis 1995 des accords internationaux dans le cadre de l'OMC (Organisation mondiale du Commerce) ont facilité la déréglementation des marchés, réduisant les possibilités d'intervention des Etats.

Les applications des biotechnologies et des sciences médicales n'échappent pas à cet effacement des frontières et, dans ce domaine aussi, les intérêts particuliers de l'individu priment sur l'intérêt général de la société, les intérêts d'une nation sur les intérêts de l'humanité. Dans les pays riches, le souci prédominant des individus pour l'état de leur corps, l'exigence d'un droit à la santé (et non plus aux soins), une excessive « égotisation » s'accommodent des moyens illégaux, utilisés pour y parvenir et des conséquences néfastes ou criminelles pour les droits fondamentaux d'autrui. Même la solidarité entre humains peut devenir objet de «business». D'abord théorie avancée par Georgescu-Roegen (1970), développée par R. Passet, reliant économie et écologie, la bio-économie pour l'OCDE (2010) veut s'appuyer sur *«une connaissance approfondie des gènes et des processus cellulaires complexes, la biomasse renouvelable et l'intégration sectorielle des applications technologiques»*.

Les Assises du vivant de l'UNESCO (2013) prônent une articulation entre innovation technique et innovation sociale pour une économie du vivant soutenable. Devenue économie au service de la vie, la bio-économie devrait permettre *«l'amélioration de la vie du corps social planétaire humain dans un principe de solidarité»*. La Déclaration universelle des droits de l'homme (1948) précise d'ailleurs que tout individu *«a droit à un niveau de vie suffisant pour assurer sa santé, son bien-être et ceux de sa famille»*. Dans la dramatique réalité, un rapport de l'OMS (2008) dénonce les *«inégalités criantes»* dans le domaine de l'accès aux soins dans le Monde. En raison des guerres, des déplacements de populations, de l'évolution technologique de certaines sociétés, de l'inégal accroissement démographique des populations, il est à craindre que ces inégalités aillent se creuser.

L'Homme s'est d'abord cru créature de Dieu, placée par Lui sur une Terre centre de l'Univers. Puis, avec l'apport croissant des connaissances dans le domaine des sciences de la vie et de l'Évolution, il s'est replacé comme dernier venu, au sommet, dans le Règne animal. Aujourd'hui, avec la découverte de l'ADN et du génie génétique, avec le développement rapide des nouvelles technologies (intelligence artificielle, robotique, nanotechnologie, impression 3D), il ne se considère plus *«comme maître et possesseur de la Nature» (*Descartes), mais comme co-auteur de sa propre transformation en un homme nouveau, qui va s'améliorer aux points de vue physique et cognitif (transhumanisme). Il se voit même créateur d'autres formes possibles de vie (biologie synthétique). Paradoxalement, en devenant un *«tout-puissant servile»*, car aliéné par sa technique (G. Anders), il dévalorise en même temps, ce qui est aujourd'hui l'humanité de son être. Alors qu'il reconnaît que certains animaux ne sont pas des biens meubles, mais des créatures sensibles qui pourraient avoir des droits comme les humains, en se traitant lui-même comme objet, par les différentes techniques en sa possession, il se rend commercialisable dans une nouvelle économie où tout devient marchandise possible.

Dite postindustrielle, cette économie est de plus en plus inégalitaire, creusant l'écart entre ceux qui débordent de biens et ceux qui manquent de tout. Les conditions des travailleurs et les rapports entre eux sont complètement changés, les réseaux horizontaux remplaçant les hiérarchies verticales, mais avec exclusion des «inadaptés».

L'homme en arrive à remettre en cause une certaine éthique qu'il avait préalablement énoncée. Illicite en 1913, car refaisant l'œuvre de Dieu, la chirurgie esthétique a été justifiée par besoin moral en 1963. Pour réduire le déficit d'organes pour des greffes à des privilégiés et permettre pour leur survie le prélèvement d'organes, il a été décidé une mort encéphalique. Devient cadavre disponible celui dont les fonctions cérébrales sont irréversiblement détruites, même si son cœur bat, s'il respire et assimile des nutriments. Alors que l'article 16-7 du Code civil édicte que *«toute convention portant sur la procréation ou la gestation pour le compte d'autrui est nulle»*, la PMA et GPA sont légalisées ou font maintenant objet de débats. Le mariage était une institution traditionnelle reconnaissant l'union d'un homme et d'une femme pour assurer la morale et l'entretien d'une famille. En France la loi du 18 mai 2013 a légalisé le mariage entre personnes de même sexe, dit mariage «pour tous» (14ème pays à le faire), ce qui le deviendra réellement avec la reconnaissance du mariage incestueux ou à plusieurs «au nom de l'amour». Des embryons humains surnuméraires après fécondation *in vitro,* bien que «*personnes potentielles*», peuvent être utilisés à des fins de recherche. La loi de 1975 art. 1 sur l'avortement affirme que le respect de l'être humain est dû dès le commencement de la vie. Le Comité d'éthique (1989) soulignait que *«l'embryon appartient à l'ordre de l'être et non de l'avoir, de la personne et non de la chose»*. L'avortement, légalisé en cas de situation de détresse, est devenu avortement de confort et le pape a demandé aux prêtres d'accorder le pardon aux femmes ayant subi *«l'épreuve morale et existentielle»* de l'avortement. Que vaut la vie d'un enfant nouveau-né ? Cammy, né en Thaïlande d'une mère porteuse, en 2014, n'a-t-il pas été «refusé» par ses parents génétiques parce que trisomique, comme une malfaçon ?

Alors qu'un consensus interdisait jusqu'alors la thérapie germinale, c'est-à-dire la manipulation génétique des cellules sexuelles ou embryonnaires, la découverte de la technique facile du Crispr/Cas qui permet de changer un gène par un autre, à la même place, vient d'être appliquée sur des embryons humains par une équipe chinoise puis une équipe américaine.

Dans les pays développés, les dépenses de santé augmentaient dans ces derniers temps de 4 à 5% chaque année. La crise économique mondiale a obligé tous les pays à des restrictions sur les dépenses de santé, avec des restructurations hospitalières. Puisqu'il y a des limites aux ressources à consacrer à la santé, il faut définir des critères dans leur utilisation. Sont alors remis en cause les principes de «l'accès inconditionnel aux soins» et de solidarité. Des critères autres que médicaux, mais aussi sociaux, économiques, éthiques sont à prendre en compte. Qui fera les analyses coût/efficacité, coût/utilité? Qui décidera quel traitement peut être pris en charge par la collectivité? Qui va juger de la valeur de la vie des malades? On peut en arriver à l'idée *«d'un panier de soins solidaires»* accessible à tous, sans barrière financière. En dehors de ce panier, les individus auront la totalité de leur prise en charge à leurs frais.

Pour établir les indemnités lors des catastrophes mortelles, les assurances tiennent compte de la perte financière subie par la famille et de la nationalité. Selon une étude de l'assureur anglais Wills, un Américain vaut 25 fois plus qu'un Laotien. Un passager américain mort vaut 3 millions de dollars, un Européen 1,5, un Africain 50.000, un chinois moins cher qu'un Japonais. Pour le crash du 9 août 2007 au large de Papeete, les familles de cadres supérieurs ont touché 2 millions d'euros, celle d'une employée de PME 210.000 euros (R. Cannavo). Selon un rapport du CNRS commandé par le gouvernement sur la valeur de la vie humaine, la vie de chaque Français est estimée à 3 millions d'euros. Créé en France en 1986 grâce à la fondatrice (F. Rudetzki) de SOS attentats, le Fonds de garantie des victimes des actes de terrorisme (FGTI) est alimenté par un prélèvement de 5,90 euros sur les quelque 90 millions de contrats d'assurance aux biens. Il est l'objet de critiques pour plus de transparence quant à ses décisions sur les sommes versées. Pourquoi pour la perte d'un enfant 35.000 euros à une mère et 45.000 à une autre ?

Le réchauffement climatique, vraisemblablement accéléré par les activités humaines, commence à causer des catastrophes (inondations, submersions de régions côtières, désertification de territoires...) qui vont provoquer des bouleversements (notamment économiques et déplacements de populations) qui accroîtront les disparités entre les groupes humains. Pour y répondre les politiques, obsédés par la tentative de réduire d'au moins de 2°C l'augmentation prévisible de la température, semblent plus axés sur une transition énergétique par investissements privés massifs (il faudra 44.000 milliards à 90.000 milliards d'euros) que sur la préparation intensive au réchauffement (recherche de variétés et de races résistantes à la chaleur et à la déshydratation, plans d'irrigation, projets de construction, de réinstallation,...), même si cette anticipation a commencé.

Comment fédérer dans les faits, 195 pays sur une action commune? On peut craindre alors que soit en train de s'élaborer dans l'espèce humaine, une sous-espèce (au sens biologique) de quelques-uns qui auront les moyens de profiter des applications des nouvelles technologies (dont celles dans le domaine médical), les autres en étant de plus en plus exclus. La révolution technologique, par ses conséquences financières, économiques, sociétales, éthiques, aggrave les inégalités et change la nature de l'humain. Connectés à de nombreux objets, dans leur monde numérisé, servis par des robots humanoïdes esclaves, dans leurs maisons domotisées où beaucoup travailleront à domicile, possesseurs d'imprimantes 3D, de voitures sans conducteurs, certains pourront avoir de l'eau à discrétion, jouir d'une nourriture saine et équilibrée (dont les végétaux proviendront de fermes verticales, en milieu hors-sol, aéroponique). Ils pourront aussi avoir un suivi médical par télémédecine, renouveler leurs organes par leurs cellules souches, bénéficier de la thérapie cellulaire ou du clonage thérapeutique, des derniers progrès chirurgicaux et de prothèses perfectionnées.

Mais aussi augmenter les capacités de leur cerveau par des neurones artificiels (biomimétiques), circonscrire rapidement les épidémies. Ils vivront 120 à 150 ans. Ils sélectionneront les génomes de leurs enfants, modifieront les gènes défectueux (technique du Crispr/Cas), non seulement pour leur éviter de graves maladies génétiques, mais aussi pour choisir de nombreux caractères. Ils les éduqueront dans leurs écoles, pour créer une nouvelle société endogame, verrouillée dans des réseaux internationaux de connaissance. Ils n'auront même plus besoin des actuels «marchés cannibales» selon la désignation de J.D Rainhorn et S. Boudamoussi pour la commercialisation de l'humain. La masse des autres, ceux qui restent (les manants) considérés comme primitifs, ne sera même plus une manne à exploiter. L'inégalité alors ne s'exprimerait pas seulement par l'écart des revenus et du patrimoine, mais aussi par l'aggravation organisée des inégalités génétiques, ce qui n'irait pas sans créer des bouleversements sociétaux, générateurs de guerres civiles.

BIBLIOGRAPHIE

La marchandisation du corps humain

Agacinski (Sylviane), *Corps en miettes*, éd. Flammarion, 2013, 125 p.

Berlan (Aurélien), Arnoux (Irma), *Les droits de l'être humain sur son corps*, éd. Presses universitaires de Bordeaux, 1994, 576 p.

Fleury (Cynthia), *Les irremplaçables*, éd. Gallimard, 2015, 217 p.

Lafontaine (Cécile), *Le corps-marché : la marchandisation de la vie humaine à l'ère de la bio-économie*, éd. Seuil, 2014, 267p.

Larrère (Catherine), *Face à la bio-économie, apprendre à être humain*, Fondation de l'écologie politique, 2014, 16 p.

Le commerce de la reproduction

Feuillet-Ligier (Brigitte), *Procréation médicalement assistée et anonymat*, éd. E. Bruylant, 2009, 318 p.

Khelifa (AÏssa), *Mondialisation des soins et tourisme médical*, étude pour l'Institut Montparnasse, 2013, 108 p.

Menneson (Sylvie et Dominique), *La gestation pour autrui. L'improbable débat*, éd. Michalon, 2010, 320 p.

Mirkovic (Aude), *Le don des gamètes*, éd. E. Bruylant, 2014, 138 p.

Mirkovic (Aude), *PMA, GPA, La controverse juridique*, éd. Pierre Téqui, 2014, 90 p.

Wolf (Jean-Philippe), Espoirs et limites de l'assistance médicale à la procréation : prendre soin de l'enfant à naître, éd. O. Jacob, 2015, 240 p.

Chamayou (Grégoire), *Les corps vils. Expérimenter sur les êtres humains aux XVIIIe et XIXe siècles*, Les empêcheurs de penser en rond, éd. La Découverte, 2008, 422 p.

Girard (Rolande), *Le Fruit de vos entrailles. Du bébé éprouvette à la guerre bactériologique : le trafic des fœtus*, éd. Suger, 1988, 128 p.

Kerangal (Maylis), *Réparer les vivants*, éd. Gallimard, 2014, 288 p.

Matas (David) et Trey (Torsten), *Organes de l'Etat. Abus de transplantations en Chine*, éd. La Petite Edition, 2013.

Nefussy-Leroy (Nathalie), *Organes humains. Prélèvements, dons, transplantations*, éd. Eska,1998, 249 p.

Ponchon (François), *Les prélèvements d'organes et de tissus humains*, éd. Berger-Levrault, 1998, 200 p.

Rainhorn (Jean-Daniel) et Boudamoussi (Samia), *Les marchés cannibales*, Edition de la Maison des Sciences de l'homme, 2014, 432 p.

Simon (Sylvie), *La nouvelle dictature médico-scientifique*, 2006, éd. Dangles, 248 p.

Skloot (Rebecca), *La vie immortelle d'Henrietta Lacks*, éd. Lgb, 2012, 504 p.

Steiner (Philippe), *Le trafic d'organes : un commerce nouveau entre les êtres humains*, éd. Gallimard, 2010, 352 p.

Virapen (John), *Médicaments, effets secondaires : la Mort*, éd. Le cherche-midi, 2014, 363 p.

Le marché du sexe

ATTAC, *Mondialisation de la prostitution, atteinte globale à la dignité humaine*, éd. Mille et une nuits, 2008, 112 p.

Cacho (Lydia), *Trafics, enquête sur l'esclavage sexuel dans le monde*, éd. Nouveau Monde, 2011, 320 p.

Desbois (Patrick), Costel (Nastasie), *La fabrique des terroristes*, éd. Fayard, 2016, 288 p.

Ekis Ekman (Kaisa), *L'être et la marchandise : prostitution et maternité de substitution*, éd. M éditeur, 2013, 213 p.

Fondation Scelles, Charpenel (Yves), *Exploitation sexuelle, une menace qui s'étend*, éd. Economica, 2013, 624 p.

Gil (Françoise), *Prostitution : fantasmes et réalités*, éd. esf, 2012, 208 p.

Nazaruk (Maja), *Le tourisme sexuel en Asie du Sud-Est*, éd. L'Harmattan, 2010, 210 p.

Sinders (David), « Le tourisme procréatif et le droit international privé », *Journal de droit international*, 2015, n°2, 429-504

Les cobayes humains

Chippaux (Philippe), *Pratique des essais cliniques en Afrique*, éd. IRD éd Didactiques, 2004, 318 p.

Delepine (Nicole), *La face cachée des médicaments*, éd. Michalon, 2011, 304 p.

Lachenal (Guillaume), *Le médicament qui devait sauver l'Afrique : un scandale pharmaceutique aux colonies*, éd. La Découverte, 2014, 240 p.

Richard (Aline) et Veyret (Sophie), *Cobayes humains : les secrets de l'expérimentation médicale*, éd. La Découverte, 1988,245 p.

Shah (Sonia), *Cobayes humains. Le grand secret des essais humains*, éd. Demopolis, 2007, 347 p.

L'esclavage au travail

Braquet Laurent), *L'essentiel pour comprendre l'économie de marché*, 2015, éd. Gualino, 137 p.

Clesse (Charles-Eric), *La traite d'êtres humains*, éd. Larcier, 2013, 1.040 p.

Clesse (Charles-Eric), Le Cocq (Patricia), Kurz (Frédérik), Treuillet (Véronique), *La traite des êtres humains et le travail forcé*, éd. Larcier, 2014, 212 p.

Ferloni (Ferloni), *Marchands d'esclaves. De la Traite à l'Abolition*, éd. de Conti, 2005, 127 p.

Lengellé-Tardy (Maurice), *L'esclavage moderne*, éd. PUF, 1999,128 p.

Lomomba (Emongo), *L'esclavage moderne. Le droit de lutter*, éd. L'Harmattan, 1997, 127 p.

Schmidt, (Nelly), *L'abolition de l'esclavage : cinq siècles de combats (XVIe-XXe siècles)*, éd. Fayard, 2005, 412 p.

Sobry (Claude), *Socioéconomie du sport*, éd. de Boeck, 2003, 165 p.

Tolstoï (Léon), *L'esclavage moderne*, éd. Le Pas de Côté, 2012, 108 p.

Les inégalités économiques et des soins de santé

Aeberhard (Patrick), Lebas (Jacques), *L'accès aux soins des migrants, des sans-papiers et des personnes précaires : pour un droit universel aux soins*, Les Etudes hospitalières, 2011.

Aïach (Pierre), *Les inégalités de soins de santé*, éd. Economica, 2010, 280 p.

Bourguignon (François), *La mondialisation de l'inégalité*, 2012, éd. Seuil, 103 p.

Lombrail (Pierre) et Pascal (Jean), *Les inégalités des soins de santé : morbidité, comportement à risques, précarité, accès aux soins*, éd. Flammarion, 2009, 103 p.

Langouët, (Gabriel), *Les inégalités entre Etats et populations de la Planète. Trop c'est trop*, éd. L'Harmattan, 2011, 258 p.

Vigneron (Emmanuel), *Les inégalités de santé dans les territoires français*, éd. Elsevier/Masson, 2011, 224 p.

TABLE DES MATIÈRES

Sociologie et questions de société aux éditions L'Harmattan

Dernières parutions

QUITTER LE MÉTIER POLITIQUE
Le retrait de la vie politique de Jean-Philippe Magnen
Dalibert Louise - Préface de Goulven Boudic
Il est très rare que les politiciens quittent le métier politique volontairement. Pourtant, le 30 septembre 2014, Jean-Philippe Magnen annonce sa décision d'arrêter la vie politique pour reprendre son activité de psychothérapeute. Selon lui, l'engagement politique électif devrait être « un passage de vie » et non « une carrière ». En analysant cette décision, cet ouvrage tente d'éclairer ce qui explique la rareté de cette conception de la vie politique en mettant en évidence ses logiques de fonctionnement ainsi que les rétributions et gratifications qu'y découvrent la plupart des politiciens professionnels.
(24.00 euros, 236 p.)
ISBN : 978-2-343-09457-1, ISBN EBOOK : 978-2-14-001467-3

LA NOUVELLE PENSÉE UNIQUE EN SOCIAL-DÉMOCRATIE
Haro contre le lobbying liberticide des faiseurs d'opinions !
Desurvire Daniel
L'ouvrage aborde un principe-clé qui ouvre l'une des premières portes à la démocratie : le droit à la vie privée. Or, cette liberté a été clandestinement confisquée aux citoyens en 2015 par une loi relative au renseignement. A quelles fins une telle indiscrétion généralisée et pour servir quels intérêts ? Quelle réponse efficace doit-on attendre d'une surveillance intégrale ? Cet ouvrage analyse et questionne cette surveillance pour mieux en révéler les limites. Il ne saurait y avoir de liberté là où une oligarchie s'octroie la faculté de sonder et capturer les opinions des gens.
(33.00 euros, 328 p.)
ISBN : 978-2-343-09411-3, ISBN EBOOK : 978-2-14-001439-0

LE TRAVAIL EST-IL ENCORE PORTEUR DE VALEURS ?
Massot-Bordenave Philippe
Le travail est au centre de nos vies contemporaines. En son absence, le chômage est source de frustration et de mise au ban de la société de consommation. Pour autant peut-on dire que le travail, porteur de nombreux paradoxes, est le futur de nos sociétés ? Voici observés quelques travailleurs dans leur vie quotidienne de

labeur. Les diverses formes de travail contribuent-elles, avec la même efficacité, à la création de valeurs ? Pourquoi le travail crée-t-il de la richesse dans les pays du Nord et entretient-il une certaine pauvreté dans ceux du Sud ?
(Coll. Questions contemporaines, 25.50 euros, 254 p.)
ISBN : 978-2-343-08822-8, ISBN EBOOK : 978-2-14-001545-8

TRANSITION PERIODS AS FOUNDING PILLARS OF DEMOCRACY
Mapua Bambissa Antonio - Préface : Emmanuel Caulier
The purpose of this book is to explain why, after the occurrence of unconstitutional changes of government, a period of transition is necessary. The author sustains the view that periods of transition present opportunities to not only set up the structural foundations of the soul of the nation, but also to establish solid democratic institutions and durable peace. He believes that the success of a democratic transition is founded on the way transitional institutions are organised, as well as on their commitment to peace and to democratic values. Many instances are based in african countries.
(Coll. Diplomatie et stratégie, 17.50 euros, 164 p.)
ISBN : 978-2-343-09676-6, ISBN EBOOK : 978-2-14-001325-6

L'AUTONOMISATION DES SCIENCES HUMAINES
Théories en sciences humaines au XXe siècle
Laflamme Simon
Une théorie, pour être comprise, doit être maîtrisée tant dans ses concepts que dans ses développements. Partant de ce principe logique et méthodologique, l'auteur, en une dizaine de pages, nous initie aux théories en sciences sociales qui ont marqué le XXe siècle. Ce volume se concentre sur les auteurs qui ont donné aux sciences humaines leur force et leur autonomie : Marx, Spencer, Peirce, Le Bon, James, Pareto, Freud, Saussure, Durkheim, Simmel et Weber.
(Coll. Pour Comprendre, 17.00 euros, 160 p.)
ISBN : 978-2-343-09688-9, ISBN EBOOK : 978-2-14-001590-8

DÉLINQUANCE ET IMMIGRATION : UN LIEN AVÉRÉ ?
Étude sur les mineurs délinquants détenus dans les Bouches-du-Rhône
Halidi Adjimaël Ibrahim
À partir d'une enquête sociologique sur les mineurs délinquants détenus dans les Bouches-du-Rhône, ce livre met en exergue les mécanismes sous-tendant la surreprésentation des mineurs issus de l'immigration dans les statistiques judiciaires et policières.
(13.00 euros, 114 p.)
ISBN : 978-2-343-09766-4, ISBN EBOOK : 978-2-14-001540-3

CAFÉS-COUPLES
Noël Alpi
Les mariages civils et religieux entre jeunes de la diversité culturelle sont-ils le principal vecteur d'un dialogue entre les cultures ? Le film propose une exploration au sein de ces unions à travers cinq couples mixtes qui se réunissent périodiquement dans des cafés afin d'échanger sur leur expérience et surmonter les difficultés rencontrées au niveau des familles des générations antérieures.

Cinq couples ont participé à ce documentaire qui s'est entièrement déroulé dans le cadre d'un tournage réalisé dans le Grand-Lyon au cours de l'année 2014. Sont également intervenues dans le film les personnalités religieuses suivantes : le Cardinal Archevêque de Lyon Philippe Barbarin, le Grand Rabbin de Lyon Richard Wertenschlag, le Recteur de la Mosquée Othman de Villeurbanne Azzedine Gaci, ainsi que les sociologues Catherine Delcroix (Université de Strasbourg) et Beate Collet (Université Paris-Sorbonne).
(20.00 euros) ISBN : 978-2-336-31147-0

LA VRAIE VIE EST ABSENTE
Regards anthropologiques sur notre monde
Péruisset-Fache Nicole
Alors qu'un grand nombre de malheurs semblent s'abattre sur notre société (crise économique, chômage, terrorisme, morosité...), nous avons tendance à oublier qu'ils résultent en partie de rapports socio-économiques. Le néolibéralisme, bien plus qu'une conception économique particulière, a bouleversé les rapports au monde. Si la «vraie» vie reste absente pour la grande majorité des êtres humains, c'est qu'il existe encore des pistes à explorer.
(Coll. Questions contemporaines, 19.00 euros, 190 p.)
ISBN : 978-2-343-09708-4, ISBN EBOOK : 978-2-14-001414-7

CORPS ET MÉTHODOLOGIES
Corps vivant, corps vécu, corps décrit
Sous la direction de Nicolas Burel
Épistémologique, scientifique ou empirique, chaque contribution à cet ouvrage se replace dans un modèle plus complexe de compréhension du corps : d'un corps vivant, siège des réactions de notre organisme immergé dans l'environnement, à un corps vécu, siège de nos ressentis affectifs et émotionnels, vers un corps décrit, fruit de l'éveil de la conscience. Cet ouvrage cherche à transcender les cloisonnements disciplinaires classiques pour porter un regard complexe sur le corps.
(Coll. Mouvements des Savoirs, 25.00 euros, 254 p.)
ISBN : 978-2-343-09796-1, ISBN EBOOK : 978-2-14-001627-1

CHÔMAGE
La courbe qui ne voulait pas s'inverser !
Peyrard-Moulard Martine, de la Marandais Jean-François
Le chômage est-il une fatalité liée aux caractéristiques de notre système économique et social ou un simple dysfonctionnement du marché qui peut être corrigé ? Beaucoup a été écrit sur le chômage mais le résultat est toujours le même depuis plus de trente ans : le chômage est massif et durable en France. L'originalité de cet ouvrage est d'être écrit par deux auteurs aux profils différents et complémentaires : une enseignante-chercheur en économie et un ancien cadre d'entreprise. Cette complémentarité leur permet d'aborder le chômage sous des angles variés et de faire des propositions qui entendent bousculer les idées reçues avec une seule obsession : contribuer à inverser cette « maudite courbe ».
(Coll. Questions contemporaines, 24.50 euros, 248 p.)
ISBN : 978-2-343-08208-0, ISBN EBOOK : 978-2-14-000676-0

PARTICIPATION ET MÉDIATION(S)
Nouveaux regards pour de nouveaux enjeux
Sous la direction de Danielle Pailler et Caroline Urbain
Pourquoi la médiation et quels sont les objets de médiation ? Qu'est-ce qui fait médiation ? En quoi les médiations sont-elles complémentaires ? Aujourd'hui, le «consommateur» de culture(s) ne peut plus être compris dans sa seule posture de réception. Cet ouvrage met un focus spécifique sur les nouvelles et nécessaires approches de la médiation que ces mouvements imposent, et croise les regards d'artistes, de publics, d'acteurs culturels et sociaux et de chercheurs.
(Coll. Logiques sociales, 26.00 euros, 266 p.)
ISBN : 978-2-343-08302-5, ISBN EBOOK : 978-2-14-001591-5

LA FRANCE INQUIÈTE FACE À SON AVENIR
Des élections européennes de mai 2014 à l'élection présidentielle de mai 2017
Nkunzumwami Emmanuel
La France traverse une crise structurelle qui se traduit par un chômage durable. L'État dépense énormément pour le faire baisser, sans succès. Les citoyens s'impatientent. Un parti politique a compris que son électorat se recrute plus particulièrement dans une partie de cette France inquiète et fragilisée. Cet ouvrage analyse les cas et les territoires de conquête du Front National, à partir du Nord-Pas-de-Calais – Picardie et étend l'étude à toutes les nouvelles régions soumises à sa pression.
(Coll. Questions contemporaines, 39.00 euros, 458 p.)
ISBN : 978-2-343-08946-1, ISBN EBOOK : 978-2-14-000580-0

LA DÉTENTION DES DEMANDEURS D'ASILE AU SEIN DE L'UNION EUROPÉENNE
Bing Camille - Préface d'Alexis Vahlas
La détention des demandeurs d'asile est aujourd'hui une pratique commune à tous les pays de l'Union européenne, bien que contraire à la Convention de 1951 relative au statut des réfugiés. Cet ouvrage s'attache à examiner de manière exhaustive cette pratique au sein des États membres de l'Union. Ces pages apportent un éclairage cru sur la façon dont sont traités les individus arrivant sur le sol des États membres de l'UE.
(Coll. Inter-National, 14.00 euros, 126 p.)
ISBN : 978-2-343-08791-7, ISBN EBOOK : 978-2-14-000609-8

L'HARMATTAN ITALIA
Via Degli Artisti 15; 10124 Torino
harmattan.italia@gmail.com

L'HARMATTAN HONGRIE
Könyvesbolt ; Kossuth L. u. 14-16
1053 Budapest

L'HARMATTAN KINSHASA
185, avenue Nyangwe
Commune de Lingwala
Kinshasa, R.D. Congo
(00243) 998697603 ou (00243) 999229662

L'HARMATTAN CONGO
67, av. E. P. Lumumba
Bât. – Congo Pharmacie (Bib. Nat.)
BP2874 Brazzaville
harmattan.congo@yahoo.fr

L'HARMATTAN GUINÉE
Almamya Rue KA 028, en face
du restaurant Le Cèdre
OKB agency BP 3470 Conakry
(00224) 657 20 85 08 / 664 28 91 96
harmattanguinee@yahoo.fr

L'HARMATTAN MALI
Rue 73, Porte 536, Niamakoro,
Cité Unicef, Bamako
Tél. 00 (223) 20205724 / +(223) 76378082
poudiougopaul@yahoo.fr
pp.harmattan@gmail.com

L'HARMATTAN CAMEROUN
BP 11486
Face à la SNI, immeuble Don Bosco
Yaoundé
(00237) 99 76 61 66
harmattancam@yahoo.fr

L'HARMATTAN CÔTE D'IVOIRE
Résidence Karl / cité des arts
Abidjan-Cocody 03 BP 1588 Abidjan 03
(00225) 05 77 87 31
etien_nda@yahoo.fr

L'HARMATTAN BURKINA
Penou Achille Some
Ouagadougou
(+226) 70 26 88 27

L'HARMATTAN SÉNÉGAL
10 VDN en face Mermoz, après le pont de Fann
BP 45034 Dakar Fann
33 825 98 58 / 33 860 9858
senharmattan@gmail.com / senlibraire@gmail.com
www.harmattansenegal.com

L'HARMATTAN BÉNIN
ISOR-BENIN
01 BP 359 COTONOU-RP
Quartier Gbèdjromèdé,
Rue Agbélenco, Lot 1247 I
Tél : 00 229 21 32 53 79
christian_dablaka123@yahoo.fr

Achevé d'imprimer par Corlet Numérique - 14110 Condé-sur-Noireau
N° d'Imprimeur : 134717 - Dépôt légal : décembre 2016 - *Imprimé en France*

www.ingramcontent.com/pod-product-compliance
Lightning Source LLC
LaVergne TN
LVHW051402061026
849535LV00009B/3318
* 9 7 8 2 3 4 3 1 0 7 3 2 5 *